Fedoua Lahfa

Qualité de Service pour les réseaux 802.11

Fedoua Lahfa

Qualité de Service pour les réseaux 802.11

Le contrôle d'admission dans les réseaux 802.11 pour l'obtention de la qualité de service

Presses Académiques Francophones

Impressum / Mentions légales
Bibliografische Information der Deutschen Nationalbibliothek: Die Deutsche Nationalbibliothek verzeichnet diese Publikation in der Deutschen Nationalbibliografie; detaillierte bibliografische Daten sind im Internet über http://dnb.d-nb.de abrufbar.

Information bibliographique publiée par la Deutsche Nationalbibliothek: La Deutsche Nationalbibliothek inscrit cette publication à la Deutsche Nationalbibliografie; des données bibliographiques détaillées sont disponibles sur internet à l'adresse http://dnb.d-nb.de.

Coverbild / Photo de couverture: www.ingimage.com

Verlag / Editeur:
Presses Académiques Francophones
ist ein Imprint der / est une marque déposée de
AV Akademikerverlag GmbH & Co. KG
Heinrich-Böcking-Str. 6-8, 66121 Saarbrücken, Deutschland / Allemagne
Email: info@presses-academiques.com

Herstellung: siehe letzte Seite /
Impression: voir la dernière page
ISBN: 978-3-8381-7673-4

République Algérienne Démocratique et Populaire
Ministère de l'Enseignement Supérieur et de la recherche Scientifique
Université Abou Bekr Belkaid - Tlemcen
Faculté des sciences de l'Ingénieur
Département de Télécommunications

Laboratoire de Recherche
«Systèmes, Technologies de l'Information et de la Communication »

Thèse de Doctorat d'Etat

Spécialité: Télécommunications

Présentée par

DIDI née LAHFA FEDOUA

Thème:
Qualité de Service dans les réseaux locaux sans fil de type IEEE 802.11

Soutenue le 6 janvier 2010 devant le jury :

Président du Jury : M.A. Chikh, Maître de Conférences, Université ABB- Tlemcen
Directeur de Thèse : M. Feham, Professeur, Université ABB- Tlemcen
Co-directeur: H. Labiod, Maître de conférences, TELECOM-ParisTech
Examinateurs :
G. Pujolle, Professeur, UPMC, Paris 6.
A. Benyettou, Professeur, Université des Sciences et de la Technologie d'Oran
Chen Ken, Professeur, Institut Galilée, Université Paris 13ème
Invité
M. LEHSAINI, Maître de Conférences, Université ABB- Tlemcen

Remerciements

Si cette thèse a pu voir le jour, c'est certainement grâce à Dieu et au soutien et à l'aide de plusieurs personnes. Je profite de cet espace pour les remercier tous.

Mes premiers remerciements vont à Mme Houda Labiod (du laboratoire INFRES de TELECOM-ParisTech), ainsi qu'au professeur Feham Mohammed (de la faculté des Sciences de l'Ingénieur de l'université de Tlemcen). Les deux m'ont encadré durant ces années de thèse, ils ont été toujours une source inépuisable d'idées, de savoir et d'encouragement. Ce travail n'aurait jamais pu aboutir sans eux, ils ont toujours su me guider, me conseiller, et me témoigner leur soutien et leur confiance. Je leur transmets l'expression de ma reconnaissance et ma plus profonde gratitude.

Je remercie tout particulièrement Guy Pujolle pour avoir accepté de diriger cette thèse à LIP6, pour ses précieux conseils et remarques, pour son suivi continu, et pour la confiance qu'il m'a accordée.

Je suis très heureuse et c'est un grand honneur pour moi que les Professeurs Guy Pujolle, Mohamed Amine Chikh, Abdelkader Benyettou et Ken Chen aient accepté d'examiner mes travaux de thèse et faire partie de mon jury. Je n'oublie pas monsieur Lehsaini Mohamed pour avoir accepter l'invitation. J'adresse un remerciement particulier à mon encadreur Mme Labiod qui m'a empêché à maintes fois d'abandonner et d'aller jusqu'au bout par ses encouragements et sa sympathie. A mon ami Kaci, merci pour ses encouragements et son précieux soutien.

Je ne pourrais clôturer ces remerciements sans me tourner vers les êtres qui me sont les plus chers, qui ont eu un rôle essentiel pendant plusieurs années d'études, et qui sans eux aucune réussite n'aurait été possible. Mes enfants et mon mari.

Dédicaces

À la personne que rien ne pourra récompenser,

à l'acteur principal derrière la réussite de ce travail,

à la personne qui a tant sacrifié et qui était à tout moment à côté de moi,

à mon cher et merveilleux mari, Abdelfettah

À la source d'ambition, d'espoir, de bonheur et de joie,

A mes trois enfants Souhila, Manel et Réda

que Dieu me permette de vous voir un jour aux positions les plus élevées…

À mon défunt père Mohamed et à ma mère,

À mes sœurs et mes frères.

Résumé

L'un des défis majeurs dans la convergence des réseaux et des services vers la technologie tout-IP est le maintien de la qualité de service (QoS) des flux audio/vidéo transmis sur ce type de réseaux. Ce problème s'accroit quand ce type de flux traverse des liens sans fil. Dans ce dernier cas, ces services doivent faire face à plusieurs inconvénients engendrés par le manque de fiabilité du canal sans fil et son partage par plusieurs utilisateurs.
La méthode d'accès de base DCF (Distributed Coordination Function) dans les réseaux locaux sans fil du standard IEEE 802.11 est incapable d'assurer la performance demandée aux applications voix/vidéo. En effet, DCF a été initialement conçue pour les services Best Effort. Ainsi l'amendement 802.11e a été publié avec le but d'introduire le support de la QoS dans ce type de réseau. Ce dernier a réussi à introduire la différentiation de service via la nouvelle méthode d'accès EDCA (Enhanced Distributed Coordination Function), en mode décentralisé et HCCA (Hybrid Controlled Channel Access) en mode centralisé. Cependant, il ne permet pas de fournir les garanties de QoS aux applications ayant des contraintes strictes de QoS. Ceci apparait plus particulièrement dans le cas ou le réseau est complètement saturé. De ce fait, la maitrise de la QoS dans 802.11e ne peut être assurée que par un mécanisme de contrôle d'admission efficace qui empêche le réseau d'atteindre un état de saturation importante et par la même garantit les besoins de QoS des applications voix/vidéo. C'est dans cet objectif là que s'inscrivent les contributions de cette thèse.
Il est bien évident qu'un mécanisme de contrôle d'admission a besoin pour sa prise de décision de prédire les métriques de performances pouvant être atteintes par le réseau si un nouveau flux est admis. Dans le but de rendre les décisions efficaces, nous choisissons d'utiliser une méthode de prédiction basée sur la prise de mesures de certains paramètres, qui serviront au calcul de paramètres de QoS, par l'intermédiaire d'équations simples, qui garantissent un temps de traitement insignifiant.
Ces calculs seront utilisés par l'algorithme de contrôle d'admission comme outil de prédiction des métriques de performance atteignables. On s'intéresse plus précisément à la prédiction du débit et du délai d'accès des différentes catégories d'accès (AC ou Access Category).
Ainsi, le contrôle d'admission sera capable de prédire les métriques de performances dans toutes les régions de fonctionnement du réseau et par suite éviter de le faire fonctionner dans un état de saturation avancée.
Pour finir, nous proposons un algorithme de contrôle d'admission à implémenter au sein du point d'accès. Ce dernier effectue à chaque demande d'accès par les stations sans fil, la prédiction des métriques de performance pouvant être atteintes une fois ce flux admis. Cet algorithme de contrôle d'admission utilise des mesures et les calculs basés sur ces mesures. En fonction de ces prédictions, le point d'accès prend la décision et envoie la réponse à la station qui demande l'accès. Cette décision est prise de façon à respecter les contraintes de QoS des flux déjà actifs ainsi que du nouveau flux en attente d'admission.

Mots clés : Réseaux locaux sans-fil, 802.11 DCF, 802.11e EDCA-HCCA, Modélisation analytique, Contrôle d'admission, Contrôle d'accès au médium, Qualité de Service, Applications Multimédia et temps réel, Optimisation des performances.

ملخص

واحد من أصعب التحديات في ميدان الشبكات و هو انتقال جميع الشبكات نحو استعمال واحد لIP و منها التحدي الأكبر و هو امكانيت استعمال الشبكات في بعث الفيديو و الهاتف هذا التحدي يكبر لما الشبكة المستعملة هي لا سلكي خاصة ويفي 802.11 الشبكة ويفي كما هي في الوقت الحالي لا توفى بالخدمات اللازمة للفيديو و الهاتف لذي في هذا العمل نقترح حل جديد يعتمد على الحل المعطى من طرف فريق العمل 802.11 e و الذي يتمثل في التفرقة بين الخدمات المحتاج لعناية خاصة و اللاخرى نحن نقترح باستعمال فرز للخدمات حسب اختصاصياتها و احتياجاتها كي نعطى الاولويلة للخدمات الحساسة

كتمات مفتاحية : 802.11 الشبكة- لIP - للخدمات الحساسة- الفيديو و الهاتف

Abstract

One of the major challenges behind the convergence of networks and services towards the all-IP technology is the Quality of Service (QoS) control for audio and video flows transmitted over Wireless Local Area Networks (WLANs). In these environments, the services are facing to many inherent limitations that are mainly caused by the lack of channel reliability as well as the medium sharing between users.

The mandatory access mechanism, called Distributed Coordination Function (DCF), of the IEEE 802.11 standard is unable to assure the required performance for voice and video applications. This is because the DCF was initially developed for Best Effort services. Hence, the 802.11e amendment was published in order to provide the QoS support to WLANs. This amendment was successful in assuring the service differentiation supported by the new access mechanism, called Enhanced Distributed Coordination Function (EDCA) for decentralized mode and HCCA for the controlled one. However, it was not designed to guarantee the QoS for the applications having strict QoS constraints.

This can be particularly obtrusive when the network is completely saturated. Thus, we strongly believe that the QoS control in 802.11e cannot be assured without an efficient admission control mechanism which is capable of stopping the network from reaching a high saturation state and therefore guarantee the QoS requirements for voice and video applications. This is the main objective of this thesis.

It is well known that the admission control mechanism needs to predict the performance metrics that can be achieved by the network before deciding to admit any new flow. In order to obtain accurate decisions, we chose to use a prediction method based on measures of certain parameters, which will be used for calculation of parameters of QoS, by the use of simple equations, which guarantee an unimportant processing time.

These calculations will be used by the admission control algorithm as a tool to predict the achievable performance metrics of different Access Categories (ACs), such as the throughput and access delay.

Hence, the admission control will be able to track the performance of the network in all its functioning regions and therefore avoids the critical situation in which the network may enter in a high saturation state.

Finally, we propose the admission control algorithm to be implemented within the QoS Access Point (QAP). At each access request from the QoS stations (QSTAs), the QAP predicts the performance metrics that can be achieved if this new request is admitted, while using the calculations based on measures. Depending on these predictions, the QAP takes the decision and sends the response to the requesting QSTA. This decision is taking into account the QoS constraints of active flows as well as the new flow requesting the admission.

Keywords: Wireless Local Area Network (WLAN), 802.11 DCF, 802.11 e EDCA, Medium Access Control (MAC), Analytical modeling, Admission Control, Quality of Service (QoS), Multimedia and real time applications, Performance optimization.

Liste des Publications

Articles publiés dans des conférences internationales

(1) Fedoua Didi, "L'Analyse des systèmes de routage dans un Réseau de transmission des données par commutation de paquets RTD/CP", Premier Séminaire Maghrébin sur les Télécommunications, du 15-18 mai 1990.

(2) Fedoua Didi, "Routage et qualité de service", Conférence Internationale sur la Productique, CIP 2001, Alger, Algérie, 2001.

(3) Fedoua Didi, "Présentation d'un outil de simulation orienté Objets des réseaux, NS2", Conférence Internationale sur la Productique, CIP 2005, Tlemcen, Algérie, 2005.

(4) Fedoua Didi, Houda Labiod, Guy Pujolle,Mohamed Feham, "A comparative Study of 802.11 and 802.11e wireless LAN standards", Web Information System and Technologies, Webist 2006, Setube, Portugal, 2006.

(5) Fedoua Didi, Houda Labiod, Guy pujolle, Mohamed Feham," Dynamic Admission Control Algorithme for WLANs 802.11", IEEE International Conference on information and communication Technologies: from Theory to Application, ICTTA 2008, Damascus, Syria, 2008.

(6) Benamar Bouyedou,Fedoua Didi, Houda Labiod, Mohamed Feham, " Mobility Impact on DS-Based-Aware Ad hoc Routing Protocol", IEEE Seconf International on New Technologies, Mobility and Security NTMS 2008, Tangier , Morroco, 2008.

(7) Benamar Bouyedou,Fedoua Didi, Houda Labiod, Mohamed Feham, " Improvement of DSR Performances in Mobile Ad hoc Networks with Trade-off between Energy Efficiency and Path Shortness", IEEE International workshop on ITS for an Ubiquitous Roads UBIROADS 2009, Hammamet , Tunisia, 2009.

(8) Benamar Bouyedou,Fedoua Didi, Houda Labiod, Mohamed Feham, " Improvement of DSR Performances in Mobile Ad hoc Networks with Trade-off between Energy Efficiency and Path Shortness", IEEE Global Information and Infrastructure Symposium GIIS 2009, Hammamet , Tunisia, 2009.

(9) Benamar Bouyedou, Fedoua Didi, Houda Labiod, Mohamed Feham, " Impact de la Mobilité sur l'Efficacité Energétique des Protocoles de Routage dans les Réseaux Mobiles Ad hoc", First International Conférence on signals and Information Processing, ICSIP 2009, Guelma, Algérie, 2009.

Articles publiés dans des journaux internationaux

(1) **Fedoua Didi, Mohamed Feham, "Study of Mobility and QoS of 802.11 and 802.11e Wireless LAN Standards"**, African Journal of Information and Communication Technology, AJICT, ISSN: 1449-2679, Volume 4 Numéro 2, august 2008.

(2) Fedoua Didi, Houda Labiod, Guy pujolle, Mohamed Feham **'Etude de la mobilité et de la QoS des réseaux locaux sans fil 802.11 et 802.11 e', Revue Internationale des Sciences et Technologies, Afrique Science, Volume 5 Numéro 3, Juin 2009.**

(3) Fedoua Didi, Houda Labiod, Guy pujolle, Mohamed Feham 'Mobility and QoS of 802.11 and 802.11e Wireless LAN standards', The International Arab Journal of Information Technology, IAJIT, Volume 6 Numéro 4 , Octobre 2009.

(4) Fedoua Didi, Houda Labiod, Guy pujolle, Mohamed Feham 'Physical Rate and Contention Window based admission control (PRCW) for 802.11 WLANs", soumis à Computer Networks, Elsevier.

TABLE DES MATIERES

Liste des Figures

Liste des Tableaux

CHAPITRE 1 Introduction

1.1 Introduction Générale

Nous vivons dans un monde sans précédent, avec des dimensions et des horizons totalement nouveaux, dans lequel les limites de la technologie et de l'imagination ont été repoussées à l'infini. Un nouveau pouvoir, celui de l'Information, remodèle une géographie différente avec de nouvelles cultures, de nouveaux acteurs et de nouvelles structures organisationnelles.
La révolution informationnelle est due principalement au développement fulgurant des technologies de l'information qui permettent actuellement le traitement, le stockage et la transmission d'énormes quantités de données quasiment en temps réel. En plus de la numérisation des données et l'élaboration de nouveaux standards et de nouveaux composants électroniques de plus en plus petits et de plus en plus performants, ont permis aux réseaux de devenir numériques, sans fil et mobiles.
Aussi, l'augmentation des capacités de transmission a permis la multiplication des services sur toutes les infrastructures. Les différents moyens de télécommunications ont permis la création de nouveaux marchés mondiaux sans considérer les frontières des nations ni les distances qui les séparent. Ces moyens correspondent principalement aux trois grands réseaux déployés à l'échelle mondiale : le réseau de données Internet, le réseau téléphonique et le réseau de diffusion TV.
Jusqu'à présent, la spécialisation était la caractéristique principale de ces moyens de communications puisque chaque réseau permettait l'accès à un service particulier à travers une infrastructure particulière. Ceci obligeait les utilisateurs à s'abonner aux trois réseaux et à utiliser un terminal spécifique pour accéder aux services transmis par chacun d'eux. Cette situation commence à changer graduellement grâce aux évolutions technologiques réalisées durant ces dernières années. Les barrières qui séparaient auparavant les différents types de réseaux de communications commencent à céder les unes après les autres et les terminaux d'accès deviennent multimédia et multiservices intégrant plusieurs interfaces de communication leur permettant de se connecter à différents réseaux.
Actuellement, les acteurs des télécommunications s'acheminent vers la notion de convergence qui regroupera tous les réseaux et tous les services sous une seule infrastructure censée représenter le réseau de nouvelle génération NGN (Next Generation Network). Les différents acteurs s'accordent à dire que la technologie IP sera la brique de base pour bâtir les NGNs. En effet, la simplicité et la puissance du protocole IP, démontrées dans le réseau Internet, fait de ce dernier la technologie de prédilection qui offre un compromis entre le cout de déploiement et l'efficacité de fonctionnement.
La technologie IP est confortée par le concept Tout-IP dont l'objectif est de faire migrer tous les services traditionnels vers la technologie IP. Toutefois, la réalisation des NGNs engendre plusieurs défis techniques (Qualité de Service, hétérogénéité, sécurité, Handover, etc.) qu'il faudra relever pour basculer définitivement d'un concept théorique vers une architecture réellement exploitable. La problématique de la qualité de service, représente l'un des plus grands défis. En effet, les services de téléphonie et de diffusion TV possèdent des contraintes de QoS difficiles à respecter dans les réseaux actuels de données et plus particulièrement dans les réseaux d'accès sans fil du standard 802.11. C'est dans ce cadre là que s'inscrivent les travaux de cette thèse, proposer des solutions de maitrise de la QoS pour le support d'applications temps réel et multimédia dans les réseaux locaux sans fil afin de faciliter leur intégration dans les NGNs.

1.2 Problématique et Motivations

Les réseaux locaux sans fil (Wireless Local Area Network ou WLAN) ont reçu ces dernières années un grand succès grâce à leur simplicité, rapidité et faible coût de déploiement. Dès lors, ils constituent une alternative sérieuse aux réseaux locaux filaires. On commence d'ailleurs à les trouver partout : dans les aéroports, les hôtels, les bureaux et ainsi que dans les environnements domestiques. Cependant, l'utilisation de ces réseaux est très efficace aux services de données et elle doit être optimisée pour les services de la voix ou de la vidéo.

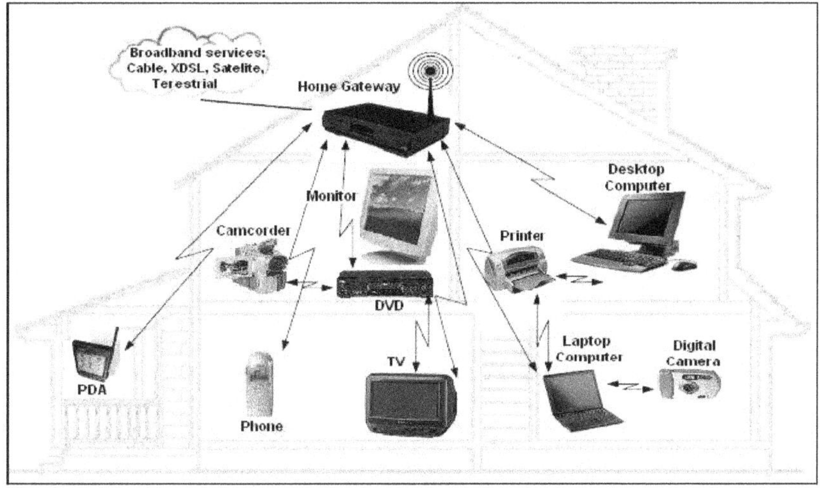

Figure 1.1 : Un réseau WLAN typique du futur (réseau domestique) [165]

L'un des domaines d'utilisation future du WLAN est illustré dans la Figure 1.1. C'est le cas du réseau domestique dans lequel le câblage disparait complètement et tous les équipements (ordinateurs fixes et portables, téléphones, télévisions, PDAs, imprimantes, lecteurs DVD, etc.) communiquent ensemble via des liaisons radio utilisant différentes technologies sans fil. Tous ces équipements accèdent au réseau internet via le point d'accès lequel utilise la technologie sans fil définie par le standard 802.11.

Le scénario d'utilisation décrit ci-dessus ne peut pas être envisagé à ce jour car il reste encore plusieurs verrous inhérents à la nature sans fil de ces réseaux qui ne sont pas complètement résolus. L'un de ces verrous est lié à la méthode d'accès de base DCF (Distributed Coordination Function) et celle optionnelle PCF (Point Coordination Function), et leur incapacité à garantir la QoS requise par les applications temps réel et multimédia ; applications dont le besoin de leur support sur les réseaux informatiques continue à croitre jour après jour.

En 1999, le standard 802.11 a définit les deux méthodes d'accès distribuée DCF et centralisée PCF. Ces dernières ont été conçues pour le support unique des applications élastiques de transfert de données et du web, et il n'a pas été prévu initialement que le standard 802.11 puisse être utilisé par les applications exigeantes en termes de QoS comme la voix et la vidéo.

Dès lors, 802.11 a été incapable d'assurer la performance demandée par ce type d'applications. La présence de cette limitation accompagnée du besoin croissant du multimédia a poussé les activités de recherche à investiguer et proposer différentes solutions possibles capables d'améliorer la performance des WLANs. Parmi ces différentes solutions, une solution basée sur la différentiation de service a été retenue par l'IEEE 802.11 qui a fondé un groupe de travail qui a aboutit en 2005 à la standardisation d'un amendement de QoS appelée 802.11e. Dans cet amendement, DCF a été remplacée par EDCA (Enhanced Distributed Channel Access) qui supporte quatre catégories d'accès (Access Category ou AC), chacune possède ses propres paramètres d'accès : Arbitration Inter Frame Spacing (AIFS), Contention Window (CW) et Transmission Opportunity Limit (TXOPLimit). La priorité de chaque catégorie d'accès est définie par les valeurs des ces paramètres qui ne sont pas fixes comme dans DCF mais ajustables selon les besoins.
802.11^e a réussit à améliorer la performance du 802.11. La différentiation de service qui y est introduite a aboutit à de bons comportements du protocole avec les applications ayant des contraintes de QoS. Cependant, aucune garantie de QoS ne peut être assurée par 802.11e surtout lorsque le réseau est saturé.
PCF a été remplacé par HCCA (Hybrid Controlled Channel Acces) qui supporte huit types de trafic (TS), et ou le point d'accès contrôle toutes les transmissions, avec leurs paramètres.
Plusieurs études d'évaluation d'EDCA et HCCA ont démontré une limitation, chose que nous allons démontrer nous aussi dans l'avant dernier chapitre, pour mettre à jour les failles des deux protocoles et proposer une solution adéquate. Cependant, les propositions apportées par l'état de l'art, pour l'amélioration des performances d'EDCA et HCCA restent limitées par le problème de dégradation des performances dans les conditions de saturation du réseau et pour des flux à débit variable. En effet, ces améliorations ne proposent toujours pas de garanties de QoS.
De ce fait, nous avons abouti à la conclusion que la maitrise de la QoS dans 802.11e ne peut être assurée que par un mécanisme de contrôle d'admission efficace qui empêchera le réseau d'atteindre un état de saturation importante et qui permet par là même de garantir les besoins de QoS des applications multimédia. C'est dans cet objectif là que s'inscrivent les contributions de cette thèse.

1.3 Objectifs et Démarche

L'objectif principal de cette thèse est d'aboutir à un mécanisme de contrôle d'admission efficace qui prend les décisions d'admission ou de rejet en respectant au mieux les besoins de QoS des applications temps réel et multimédia en termes de bande passante requise et de délai d'accès tolérable tout en utilisant de façon optimale les ressources du réseau. Pour franchir les obstacles qui nous séparent de cet objectif, nous devons répondre à un ensemble de questions clés :
(1) Comment introduire un mécanisme de contrôle d'admission dans 802.11 e ?
(2) Quels sont les métriques de QoS à adopter dans le processus de contrôle d'admission ?
(3) Comment obtenir des informations sur les ressources disponibles dans le réseau ?
(4) Y-a t-il un moyen de trouver une relation directe entre les ressources disponibles dans le réseau et les besoins de QoS ? Autrement dit, est ce qu'on peut prédire les ressources réseau disponibles et les translater en métriques de QoS atteignables ?
(5) Dans le cas ou la réponse à la question précédente est oui, quelle est la meilleure méthode de prédiction des métriques de QoS atteignables ? Et quelle est sa précision ?
(6) Pour finir, quelle sera l'utilisation des ressources du réseau avec ce mécanisme de contrôle d'admission ? Et comment la rendre optimale ?
Pour répondre à ces questions clés et atteindre l'objectif visé, nous suivons la démarche suivante :

Comme première étape de notre recherche, nous réalisons une étude détaillée des amendements 802.11 et 802.11e et de l'état de l'art en relation avec eux. Cette étude nous permet de situer le mécanisme de contrôle d'admission dans 802.11e. Elle nous permet également de connaitre la manière d'obtenir les informations concernant les besoins de QoS des applications en demande d'accès. Cette étude sera utile pour connaître les failles et les problèmes non encore résolus par le protocole 802.11^e. Un mécanisme d'échanges de base a été défini dans 802.11e, cependant l'algorithme de contrôle d'admission n'a pas été spécifié et il a été laissé à la discrétion des différents concepteurs et vendeurs de cartes réseaux. Des lors, la spécification de cet algorithme constitue notre contribution ultime.
Pour identifier les métriques de QoS à adopter dans le contrôle d'admission, nous choisissons le délai de transmission et le débit atteignable. En effet, nous choisissons le délai d'accès au médium et non pas le délai de bout en bout, car ce qui nous intéresse dans cette thèse, c'est la performance du mécanisme d'accès 802.11e uniquement. Autrement dit, nous cherchons à identifier le délai et le débit atteignables qui résultent de l'application de la méthode d'accès HCCA. Ceux-ci pourront alors être utilisés dans une vision plus globale pour quantifier les performances de bout en bout par exemple.
Pour l'estimation des ressources dans le réseau, l'étude de l'état de l'art relatif à cela, nous permet d'identifier plusieurs méthodes de prédiction potentielles. Cette étude nous a également permis de choisir la méthode de prédiction de ressources qui semble la plus efficace, c'est celle basée sur les mesures et la modélisation analytique simple. En effet, il nous semble plus simple et plus efficace de bâtir notre algorithme de contrôle d'admission en se basant sur des mesures instantanées reflétant l'état réel dans lequel se trouve le réseau au moment voulu, puis utiliser ces relevés pour calculer les contraintes de QoS requises par les applications et déduire les performances globales atteintes par le réseau.
L'étude de l'état de l'art des modèles analytiques d'EDCA et HCCA nous montre l'existence d'une gamme importante de protocoles basés sur les mesures, d'autres sur les modèles analytiques basés principalement sur les chaines de Markov, et une dernière gamme hybride. Une étude détaillée de l'ensemble de ces modèles a été nécessaire pour permettre d'identifier le meilleur type de protocole qui peut constituer la base pour notre contrôle d'admission. Malheureusement, même le meilleur de ces protocoles s'avère loin d'atteindre un degré suffisant de validité et de précision. En effet, l'étude des spécifications d'HCCA et EDCA d'un côté et des protocoles proposés d'un autre côté, nous permet d'identifier un ensemble de limitations dans l'ensemble de ces solutions. Plus particulièrement, les protocoles basés sur les modèles analytiques négligent certaines fonctionnalités du protocole 802.11^e, comme par exemple la transmission par rafale par le biais de la limite TXOP (Transmission Opportunity). Et font beaucoup d'approximations qui rendent le modèle inexact et dont les prédictions ne sont pas tout à fait exactes. Les protocoles basés sur les mesures sont plus exacts que les précédents, mais sont difficiles à mettre en œuvre, et souvent doivent être mis en place de manière centralisée. Les derniers protocoles de type hybride, semblent être les meilleurs, puisqu'ils allient les avantages des premiers à ceux des seconds pour donner un produit plus fini et efficace que les autres, d'où notre choix pour ce type d'algorithme de contrôle d'admission.
Pour finir, nous observons l'effet important que possède la configuration des paramètres de différentiation d'EDCA et HCCA sur la performance globale du réseau et sur le niveau d'utilisation des ressources du canal radio. Ceci nous pousse à proposer une amélioration de la performance de notre contrôle d'admission par la mise en place d'une solution qui permet au point d'accès de changer les paramètres des flux sans QoS, dans le but d'accepter un nouveau flux QoS, en utilisant une configuration optimale de ces paramètres. Cette configuration doit optimiser l'utilisation des ressources et par la même permettre d'accepter plus de demandes.

1.4 Liste des Contributions

Hormis les études de l'état de l'art, les analyses et les synthèses des travaux de la littérature que nous effectuons dans chaque étape de notre démarche de travail, les principales contributions de cette thèse sont les suivantes :
1- Etude des failles et problèmes des protocoles DCF et PCF par l'intermédiaire de simulations utilisant l'outil NS2 et différents scénarios, révélant l'inexistence de la prise en charge de ces protocoles de la QoS des applications multimédia, puisqu'ils ne font aucune différentiation entre les différentes applications.
2- Etude des améliorations apportées par l'amendement 802.11[e] par rapport à 802.11, du point de vue introduction de la QoS et différentiation entre les flux. Par l'intermédiaire de simulations par NS2, permettant de comparer le standard 802.11 et 802.11[e].
3- Etude du standard 802.11 en situation de handover, aussi bien en mode infrastructure qu'en mode ad hoc, par l'intermédiaire de simulations par NS2, dans le but de voir la réaction du protocole face à un handover.
4- Proposition d'un algorithme de contrôle d'admission hybride, utilisant et les mesures et les calculs pour prendre la décision d'accepter ou de rejeter une demande d'admission.
Le mécanisme de contrôle d'admission que nous proposons est complètement compatible avec 802.11e. Nous utilisons les messages ADDTS Request et ADDTS Response avec le cadre général du contrôle d'admission spécifiés par le standard pour l'étendre, et y inclure notre algorithme. Ce dernier lance à chaque demande ADDTS Request le calcul analytique des métriques de performance atteignables, en se basant sur les mesures relevées de certains paramètres, entre autre la longueur des files d'attente des stations, dans le réseau en supposant ce nouveau flux actif, compare les valeurs obtenues pour tous les flux actifs à leurs valeurs demandées, et envoie la décision d'admission ou de rejet dans le message ADDTS Response en fonction des résultats de cette comparaison. Une évaluation des performances de notre algorithme de contrôle d'admission utilisé dans un cas usuel mais sous différentes possibilités d'utilisation est effectuée. Cette évaluation montre clairement l'intérêt et l'utilité de notre algorithme pour la maitrise de la
QoS dans les réseaux 802.11e.
Notre algorithme de contrôle d'admission permet donc de maitriser la QoS des réseaux 802.11 pour une configuration donnée, c-à-d avec des paramètres AIFS, CW fixés, sauf pour les flux best effort, qui peuvent changer selon la charge du réseau, pour protéger le trafic prioritaire.
Nous détaillons les points importants à prendre en compte dans le problème d'optimisation et présentons les extensions apportées à l'algorithme de base mis au point par le standard IEEE 802.11 e.

1.5 Plan du Manuscrit

Pour détailler l'ensemble de nos contributions et notre démarche de travail, ce manuscrit de thèse est organise comme suit :
Apres ce chapitre introductif, le Chapitre 2 a comme objectif la présentation d'une étude de l'état de l'art couvrant l'historique de l'évolution du standard 802.11. Ainsi, dans un premier temps, nous décrivons les spécifications des mécanismes d'accès de base dans 802.11, puis nous discutons des limitations de QoS de ces mécanismes et des propositions d'améliorations de leurs performances. Dans un second temps, nous décrivons les spécifications des mécanismes d'accès de l'amendement de QoS du standard 802.11e. Nous nous intéressons plus particulièrement à la méthode d'accès EDCA et HCCA, à leur procédure de transmission et leurs différents paramètres de différentiation. Nous discutons également les limitations d'EDCA et HCCA pour le support des applications multimédia et les limitations de toutes les propositions d'amélioration de performance sans garantie de QoS. Ce chapitre est terminé par

la conclusion qu'un mécanisme de contrôle d'admission est primordial pour la maitrise de la QoS dans le 802.11e.
Le Chapitre 3 détaille une étude large de l'état de l'art des trois types de protocoles de contrôle d'admission : les protocoles basés sur les mesures, ceux basés sur la modélisation analytique d'EDCA et de HCCA et enfin les hybrides utilisant aussi bien les mesures que les équations analytiques. Une brève analyse de chaque modèle à part et des tableaux de comparaison sont dressés. Ceux-ci permettent d'identifier les limitations communes à tous ces modèles. Suite à cette étude nous fixons nos objectifs pour le type désiré et choisi, qui est le type hybride.
Le Chapitre 4 est consacré à la présentation de notre algorithme de contrôle d' admission.
Le processus au niveau de chaque station sans fil et au niveau du point d'accès sont décrits et les pseudo-codes des algorithmes résultants sont donnés. Ensuite, nous validons l'algorithme par des simulations sous ns2 en choisissant un scenario réaliste dans des situations extrêmes (Voix, vidéo et données).
Le chapitre 5 est consacré à la discussion des résultats de simulation, partagé en quatre parties. La première concerne la comparaison des performances des algorithmes DCF et EDCA, en vue de démontrer l'efficacité de EDCA par rapport à DCF, efficacité due à l'introduction des paramètres de différentiation entre les diverses applications voix, vidéo et données. La deuxième partie démontre la supériorité de HCCA par rapport à EDCA, grâce surtout au contrôle total fait par l'AP sur les transmissions dans HCCA et le ton plus ou moins aléatoire d'EDCA. Puis les failles de HCCA sont mises à jour, en introduisant un trafic de type VBR (variable bit rate), qui permet d'avoir des tailles de file d'attente variables et imprévisibles, ce qui a entrainer des allocations de TXOP erronées de la part de l'AP, et donc une inefficacité à garantir la QoS de ce type de trafic. En troisième partie, on simule le réseau en situation de handover, pour démontrer son inefficacité dans pareille situation, puisque on observe une grande quantité de paquets perdus avant la prise en charge par le nouvel AP des paquets du nouvel arrivant en mouvement. En dernière partie, les résultats de simulation de notre algorithme de contrôle d'admission, avec deux autres algorithmes qui sont HCCA et FHCF (Fair Hybrid Coordination Function), en vue de les comparer pour observer leur performances vis à vis de la garantie de la QOS des applications du réseau.
En dernier chapitre sont présentées les conclusions générales obtenues de l'ensemble de nos travaux et aux perspectives de cette thèse.

CHAPITRE 2 Les standards IEEE 802.11 et 802.11 e

2.1 Introduction

La mobilité des utilisateurs et leurs besoins d'accès itinérant aux réseaux informatiques rendent les réseaux traditionnels (filaires) obsolètes. De plus, le besoin accru d'accéder à différents types d'applications via le support radio pousse la recherche vers de nouvelles solutions de plus en plus adaptées à cet environnement. Ainsi, on note ces dernières années des avancées rapides dans la standardisation de nombreuses technologies sans fil allant des réseaux personnels à faible couverture jusqu'aux réseaux à couverture mondiale. Dans notre étude, nous nous intéressons au standard 802.11, nommé également Wi-Fi (Wireless Fidelity). Les réseaux locaux sans fil utilisant le standard 802.11 sont des réseaux peu coûteux qui ont une couverture de plusieurs centaines de mètres et qui interconnectent facilement les équipements informatiques de l'entreprise, du domicile, etc. Ces réseaux permettent un débit allant de quelques Mbit/s à quelques centaines de Mbit/s.
Ces réseaux ont été initialement conçus pour les applications de transfert de données et de la navigation web. Aujourd'hui, avec l'avènement de la VoIP et de la vidéo sur les réseaux IP, l'extension du potentiel de ce type de réseau pour le support des applications multimédia devient une réalité. Pour répondre à ce besoin, on assiste depuis une dizaine d'années à une augmentation constante des performances de ces réseaux aussi bien au niveau physique qu'au niveau liaison de données. Au niveau physique, de nouvelles propositions, appelées amendements, apparaissent régulièrement visant a augmenter la bande passante des réseaux 802.11 par l'introduction de nouvelles techniques de modulation du signal sur les bandes de fréquences dédiées aux réseaux locaux sans fil ou WLANs. Au niveau liaison de données, on s'intéresse à l'utilisation de cette bande passante avec priorité d'accès. Ainsi, au niveau du contrôle d'accès au canal, on trouve le standard IEEE 802.11e qui s'intéresse à introduire le support de la qualité de service (la QoS) dans le standard 802.11.
L'objectif de ce chapitre est de retracer l'évolution du standard 802.11 pour l'inclusion de la qualité de service et d'identifier les verrous qui empêchent sa mise en œuvre en toute condition, et qui restent aujourd'hui à lever. Pour ce faire, nous décrivons tout d'abord l'évolution des réseaux locaux sans fil en termes de capacités physiques. Puis nous nous concentrons sur la couche liaison de données et les mécanismes de contrôle d'accès au canal. Nous détaillons les mécanismes d'accès du standard de base 802.11. Nous discutons ensuite les limitations de ces mécanismes d'accès pour l'acheminement des applications multimédia, limitations qui sont à la base de l'apparition de l'amendement 802.11e. Une présentation des améliorations de la QoS dans les mécanismes d'accès proposés dans 802.11e constitue un des objectifs principaux de ce chapitre. Apres cette présentation, nous discutons les solutions de QoS proposées dans ce standard, leurs apports et leurs limitations. Plusieurs propositions d'amélioration de performances du standard 802.11e sont également discutées. Ces différentes discussions nous permettent de conclure qu'un réseau local sans fil ne peut garantir les besoins de QoS des applications multimédia et temps réel sans l'introduction d'un mécanisme de contrôle d'admission efficace.

IEEE 802.11 [1] étant le standard qui a émergé comme la technologie dominante des réseaux locaux sans fil. Il est considéré comme la version d'Ethernet, qui supporte le service best effort. Il fait partie d'un grand nombre de réseaux sans fil, dont quelques uns sont listés sur les Figures 2.1 et 2.2.

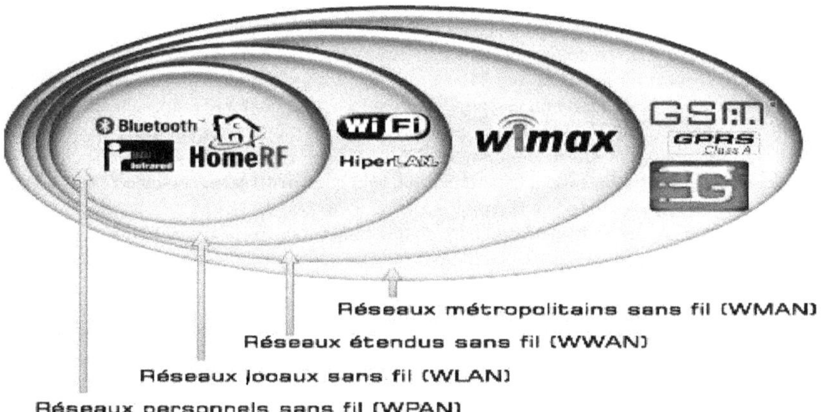

Figure 2.1: Classification des WLANs [166]

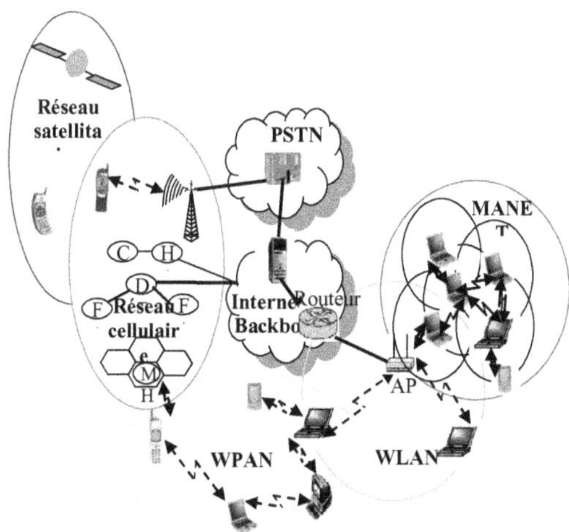

Figure 2.2: Réseaux 4G [170]

2.2. Le Standard 802.11

2.2.1. Historique

La norme Wi-Fi (Wireless Fidelity) est le nom commercial donné à la norme IEEE 802.11b par la Wi-Fi alliance, autrefois appelée WECA (Wireless Ethernet Compatibility Alliance) aux produits 802.11b. Cette dernière, composée de 140 entreprises, teste et gère l'interopérabilité entre les équipements répondant à la norme 802.11b. En 1997, l'élaboration du standard IEEE 802.11 et son développement rapide furent un pas important dans l'évolution des réseaux sans fil.
Actuellement au sein du 802.11, plusieurs groupes de travail ont été crées afin d'améliorer ou de proposer de nouveaux mécanismes régissant divers aspects. Grâce au Wi-Fi, il est possible de créer des réseaux locaux sans fils à haut débit pour peu que l'**ordinateur** à connecter ne soit pas trop distant par rapport au point d'accès. Dans la pratique, le Wi-Fi permet de relier des ordinateurs portables, des ordinateurs de bureau, des assistants personnels (PDA) ou tout type de périphérique à une liaison haut débit (11 Mbits/s ou supérieur) sur un rayon de plusieurs dizaines de mètres en intérieur (généralement entre une vingtaine et une cinquantaine de mètres) à plusieurs centaines de mètres en environnement ouvert.
Ainsi, des opérateurs commencent à irriguer des zones à fortes concentration d'utilisateurs (gares, aéroports, hôtels, trains, ...) avec des réseaux sans fil. Ces zones d'accès sont appelées « **hot spots** ».

Les différentes normes attachées au réseau 802.11 interviennent au niveau de la couche Physique et/ou Liaison de données et sont résumées ci-dessous :

- **802.11 [1] :** Utilise la bande de fréquence 2.4 GHz et des débits de 1 à 2 Mbits/s pouvant utiliser aussi bien la méthode de l'étalement de spectre en saut de fréquence (Frequency Hopping Spread Spectrum FHSS) que la méthode de l'étalement de spectre en séquence directe (Direct Sequence Spread Spectrum DSSS). Peut être cité à titre historique comme le premier standard de la série ;
- **802.11a [3]** : est une extension du standard 802.11, mais utilise la bande de fréquences de 5 GHz et offre des débits de 54 Mbit qui décroissent plus vite avec la distance que 802.11b. Sa portée va d'une trentaine de mètres jusqu'à une centaine de mètres. Sa couche physique encode les données selon une nouvelle méthode de modulation appelée le multiplexage orthogonal par division de fréquence (Orthogonal Frequency Division Multiplexing OFDM) ;
- **802.11b [2] :** permet des débits de 11 Mbits/s (avec des chutes jusqu'à 5.5, 2 et 1 Mbits/s) dans la bande 2.4 GHz et utilise l'encodage DSSS. Ses performances sont similaires à l'Ethernet. Il a une portée de quelques dizaines à quelques centaines de mètres sur la bande ISM. C'est ce standard qui a permis l'essor des réseaux locaux sans fil ;
- **802.11c :** apporte les informations nécessaires pour assurer le bon fonctionnement des ponts réseaux. Ce standard est utilisé pour l'interopérabilité des points d'accès (Access Point : AP).

- **802.11d :** Ce groupe de travail a été mis en place pour un besoin de normalisation. En effet suite à la vulgarisation du 802.11, seuls quelques pays ont mis en place des règles pour le fonctionnement de celui-ci. L'utilisation des fréquences varie d'un pays à un autre.
- **802.11 e:** introduit les mécanismes nécessaires au support de la QoS. Cette norme fera l'objet d'une attention particulière plus loin.
- **802.11g [4] :** utilise la bande de fréquence de 2.4 GHz et permet des débits théoriques de 54 Mbits/s si les distances sont relativement courtes d'une centaine de mètres. Elle utilise la modulation OFDM au niveau physique.
- **802.11h :** décrit des mécanismes permettant de mesurer et d'abandonner les canaux afin de respecter leurs conditions d'utilisations locales (notamment nécessaires pour l'utilisation de la bande ISM (Industrial, Scientific and Medical) à 5 GHz en Europe.
- **802.11i :** met en place les mécanismes afin de garantir la sécurité. La norme 802.11i définit des techniques de chiffrage telles que l'AES (Advanced Encryption Standard).
- **802.11j :** décrit les modifications nécessaires à l'utilisation des bandes de fréquences à 4.9 GHz et 5 GHz en conformité avec la régulation japonaise.
- **802.11n [5],** son but est d'étendre le standard 802.11 pour atteindre un débit de 540 Mbit/s tout en assurant une rétrocompatibilité avec les trois précédents amendements (a, b et g). Sa portée est d'une centaine de mètres. Il utilise les deux bandes 2.4 et 5 GHz.
- **802.1x :** Sécurisation de divers médias y compris le lien sans fil par le biais de mécanismes d'authentification forts et de serveur RADIUS avec une distribution dynamique des clés.

Cette évolution montre clairement la volonté des groupes de travail IEEE à augmenter les débits afin de répondre aux besoins des applications multimédia exigeante en terme de bande passante. Ceci reste cependant insuffisant et une évolution de la couche liaison de données pour la prise en compte de la QoS et sa maitrise est nécessaire.

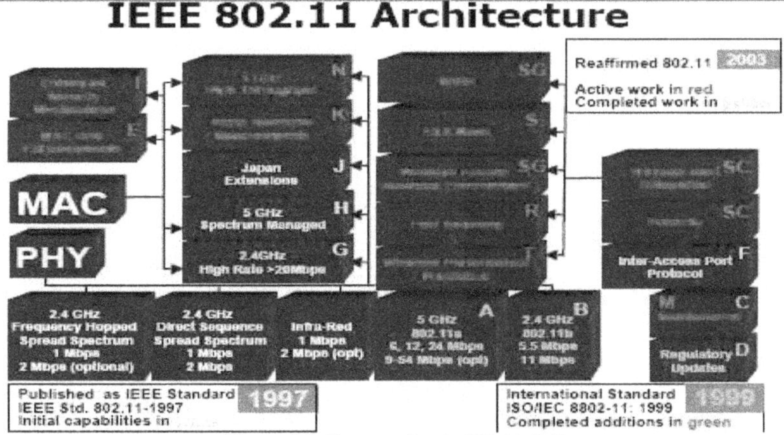

Figure 2.3: Les standards 802.11 [24]

2.2.2. Les Modes opératoires du 802.11

Ce standard a défini deux modes de fonctionnement :

1. Le mode infrastructure

Dans ce mode il y a au moins un point d'accès qui relie les stations entre elles, et/ou vers d'autres réseaux filaires, par l'intermédiaire d'un système de distribution. L'ensemble de postes sans fil reliés à un même point d'accès forme un BSS (Basic Service Set ou ensemble de services de base). Plusieurs BSS interconnectés par un système de distribution forment un ESS (Extended Service Set ou ensemble de services étendu). Où, n'importe quel LAN peut être interconnecté à un BSS (par l'intermédiaire d'une passerelle) formant aussi un ESS (voir Figure 6). Le système de distribution est implémenté indépendamment de la structure hertzienne de la partie sans fil, il peut correspondre à un réseau Ethernet, Token ring, FDDI ou un autre réseau IEEE mobiles, une passerelle d'accès vers un réseau fixe, tel qu'Internet Avant toute communication au sein d'un BSS ou cellule, les stations sans fil doivent exécuter une procédure d'association avec le point d'accès.

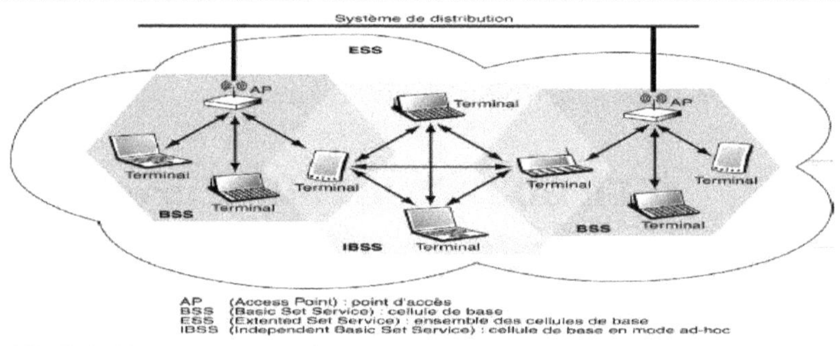

Figure 2.4: Le mode Infrastructure

2. Le mode Ad Hoc

Le mode ad hoc (généralement baptisé point à point) représente simplement un ensemble de stations sans fil 802.11 qui communiquent directement entre elles sans avoir recours à un point d'accès ou une connexion à un réseau filaire à travers le système de distribution. Chaque station peut établir une communication avec n'importe quelle autre station dans la cellule que l'on appelle cellule indépendante IBSS(*Independent Basic Service Set)*. Ces réseaux ont été étudiés au début des années 1970 à des fins militaires sous le nom de réseaux en mode paquet.

Comme dans le mode infrastructure, un réseau ad hoc est généralement identifié par un identificateur de réseau SSID.

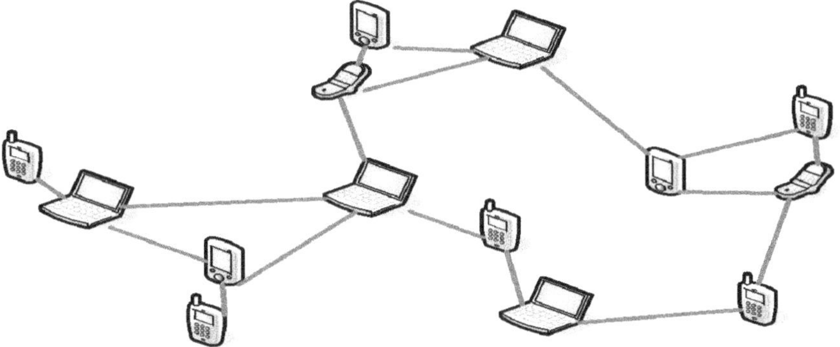

Figure 2.5 : Le mode Ad Hoc

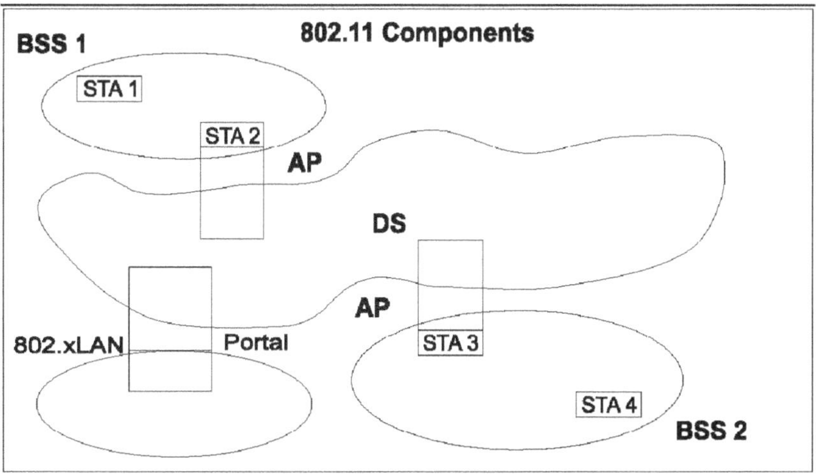

Figure 2.6: Les composants de 802.11 [1]

Fonctionnement du réseau 802.11

La norme 802.11 couvre les deux couches inférieures du modèle OSI.

A. Couche Physique

Au départ 3 couches physiques [1] ont été définies à savoir :

A.1. FHSS (Frequency Hopping Spread Spectrum)

FHSS est une technique qui utilise le *saut de fréquence*. Elle consiste à diviser la bande passante disponible en 79 sous canaux, de 1 MHz de largeur de bande offrant, chacun un débit d'au moins 1 Mbits/s avec codage binaire. L'émetteur et le récepteur s'entendent sur une séquence de *sauts de fréquence porteuse* pour envoyer les données successivement sur des différents sous-canaux, ce qui sert à ne pas utiliser (temporairement) les sous-canaux fortement perturbés. La séquence de sauts est calculée pour minimiser la probabilité que deux émissions utilisent le même sous-canal. Grâce à cette technique, on peut émettre des données dans une plage de fréquence même perturbée. Si l'on avait découpé la bande en une seule plage, la plage entière aurait été perturbée, ce qui aurait rendu toute émission impossible. Avec ce découpage en 79 sous plages, une perturbation n'affecte que quelque sous plages. Dans ce cas, on réussit la communication malgré des perturbations. Le signal saute de sous-canal en sous-canal (Figure 2.7) et transmet des données sur un canal spécifique pendant un court instant. La séquence de sauts de fréquence doit évidemment être synchrone entre l'émetteur et le récepteur. Ceci rend ces systèmes difficiles à pirater. En effet, pour récupérer l'information envoyée par un émetteur, il faut pouvoir écouter tous les sous-canaux simultanément ou bien évidemment, retrouver la séquence de sauts de fréquence.

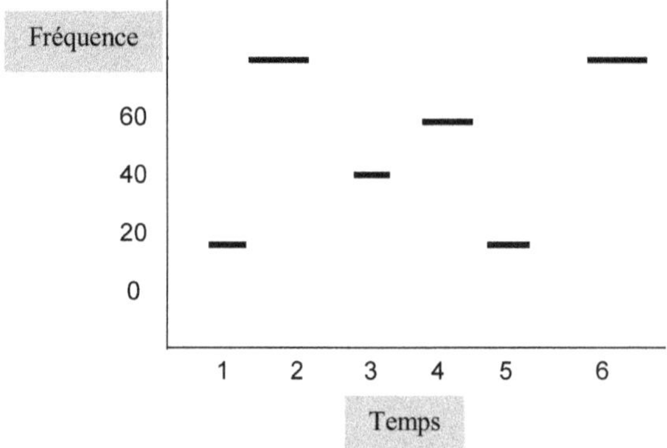

Figure 2.7 : Etalement de spectre par saut de fréquence

Dans cette technique, le signal utile, ou l'information, est donc modulé en utilisant une modulation à bande étroite classique. Ensuite, la porteuse est décalée à un emplacement de la bande disponible en utilisant une séquence de fréquences pseudo aléatoire. Sur une longue durée, le signal obtenu est large bande.

La structure de la trame en FHSS : Une trame au niveau physique est composée de trois parties. Elle débute par un *préambule*, suivi d'un *entête* et se termine par la partie données (Figure 2.8).

Préambule		En-tête			Trame MAC
Synchro 80 bits	SFD 16 bits	PLW 11 bits	PSF 5 bits	CRC En-tête 16 Bits	

Figure 2 8: Structure de la trame 802.11 au niveau physique, FHSS.

Chaque champ de chaque partie possède un rôle spécifique :

✓ ***Le préambule :***

- **La synchro** est une séquence de synchronisation qui est composée d'une suite de 80 bits constituée en alternance de 0 et de 1. Elle permet à la couche physique de détecter la réception d'un signal. Elle permet accessoirement aussi, de choisir la meilleure antenne de réception si le choix existe.
- **Le *Start Frame Delimiter* (SFD)** est le délimiteur de trame. Il est constitué par la suite de bits suivants : *0001100101101101.*

✓ ***L'entête :***

- **Le *PSDU Length Word* (PLW)** est un paramètre passé par la couche MAC qui indique la longueur de la trame. C'est donc la longueur de la partie de donnée dans cette trame.
- **Le PSF** est un champ sur 5 bits qui permet de définir la vitesse de transmission. Le premier bit est toujours à 0. Les bits 2, 3 et 4 sont réservés et définis par défaut à zéro. Le 5ème et le dernier bit, indique la vitesse de transmission. à 1Mbits/s s'il est à 0 et à 2Mbits/s s'il est à 1.
- **Le *CRC* de l'entête** est le champ de contrôle d'erreur de l'entête, composé de 16bits.

✓ ***La partie donnée :***

- **La Trame MAC** contient les données relatives à la couche MAC. Il faut noter que la partie de données est émise en utilisant une *technique de blanchiment* pour éviter d'avoir une suite de 0 ou de 1, qui risque de poser des problèmes, tel qu'une désynchronisation du signal.

En mode infrastructure, c'est le point d'accès qui annonce les fréquences à utiliser pendant les émissions. Dans cette technique, la porteuse est modulée par le signal utile, ou l'information, et par un code pseudo aléatoire de débit beaucoup plus important, comme illustré dans la figure 7. Le signal résultant occupe donc une bande très importante. Dans le récepteur, le signal reçu est dés étalé en modulant par la même séquence synchronisée avec l'émetteur.

Ce type de modulation présente les avantages suivants :

✓ La densité spectrale du signal transmis est faible car le signal est large bande ;
✓ L'étalement améliore la sécurité (en gardant bien sûr le code d'étalement secret) ;
✓ Le signal étalé est moins sensible face à des signaux à bande étroite ;
✓ La tolérance vis à vis du multi-trajet est obtenue en choisissant des codes qui ont des facteurs d'auto corrélation très faibles.

A.2. DSSS (Direct Sequence Spread Spectrum)

DSSS est la seconde couche physique utilisant une technique radio. Cette technique est différente de la précédente. La bande est divisée en seulement 14 sous-canaux de 22MHz. De plus, ces sous-canaux fournissent un signal très bruité, car les canaux adjacents (en cas d'utilisation de deux plages dans la même zone géographique) ont des bandes passantes qui se recouvrent partiellement et peuvent donc se perturber mutuellement (Figure 2.9).

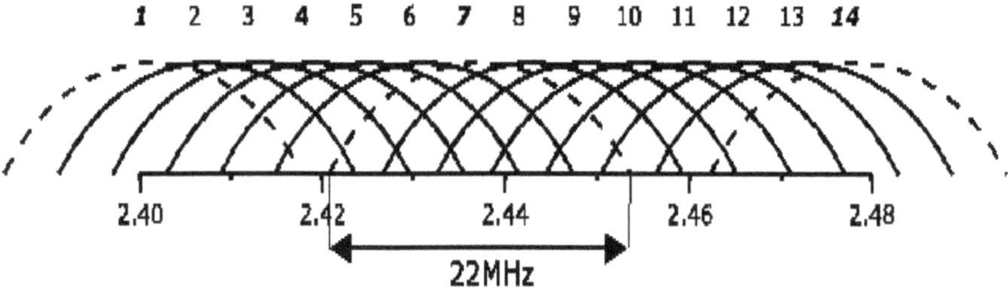

Figure 2.9: Canaux de transmission selon la technique DSSS

La couche physique 802 .11 définit une séquence de 11 bits pour représenter un 1 et son complément pour coder un 0.

Le faible nombre de canaux ne permet plus de faire comme avec le FHSS, des sauts de fréquence et il est donc nécessaire d'introduire une très forte redondance dans le codage binaire. On utilise une technique du *chipping* où chaque bit des données de l'utilisateur est converti en une séquence de 11 bits appelés *chips,* voir Figure 10. La forme de cette séquence permet une forme de correction directe du code. Sinon, même si le signal est très endommagé, il sera possible de reconstruire la séquence originale (très grande *distance de Hamming*). Grâce à cette technique, on arrive à corriger un grand nombre d'erreur et à minimiser le besoin de retransmission de la trame.

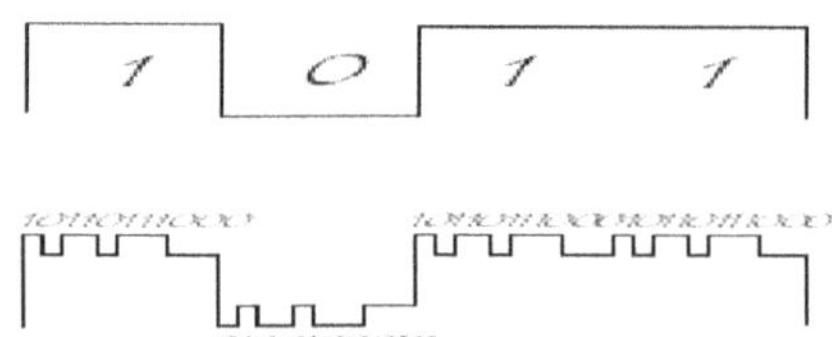

Figure 2.10 : Technique du chipping.

La structure de la trame en DSSS

Une trame au niveau physique est composée, comme pour la technique précédente, de trois parties : un *préambule*, puis un *entête* et enfin la partie données (Figure 11).

Préambule		En-tête				Trame MAC
Synchro 128 bits	SFD 16 bits	Signal 8 bits	Service 8 bits	Longueur 16 bits	CRC En-tête 16 Bits	

Figure 2.11: La composition de la trame 802.11 au niveau physique pour le DSSS.

✓ ***Le préambule :***

- **La synchro** est une séquence de synchronisation pseudo-aléatoire. Elle sert à la synchronisation au niveau récepteur.
- **Le *Start Frame Délimiter* (SFD)** permet au récepteur de détecter le début de la trame. ce champ de deux octets vaut en hexadécimal F3A0.

✓ ***L'entête :***

- Le ***signal*** permet d'indiquer la vitesse de transmission sélectionnée. Si la valeur de ce champ est à 0A (en hexadécimal) la transmission se déroulera à 1Mbits/s et si celle ci est à 14 (en hexadécimal), la transmission se déroulera à 2Mbits/s. Il faut savoir qu'en fonction de la vitesse de transmission, une modulation différente est appliquée. Le *differential binary phase shift keying* est utilisé lors d'une transmission à 1 Mbits/s et en opposition au *Differential quadrature phase shift keying* lors d'une transmission en 2 Mbits/s.
- **Le *service*** est réservé pour un usage futur La valeur 00 signifie que le transmetteur est conforme à la norme IEEE 802.11.
- **La *longueur*** indique la valeur de la longueur de la partie de données. Sa valeur peut varier entre 4 et 2^{16}.
- **Le *CRC* de l'entête :** est le champ de contrôle d'erreur de l'entête.

✓ ***La partie donnée :***

- **La Trame MAC** contient les données de la trame physique. Elles sont transmises selon la modulation sélectionnée dans le champ *signal.*

A.3. IR : Infrarouge

Les infra rouges sont utilisés pour le transport des données. Cette méthode impose que les distances entre émetteurs/récepteurs soient limitées. Elle offre un débit de 1 Mbps.

Le support Infrarouge fait parti de la norme IEEE 802.11. Il utilise une longueur d'onde de 850nm à 950nm pour le signal. Cette longueur d'onde est proche de la bande du visible par l'homme. C'est une lumière infrarouge diffusée.

Contrairement aux autres matériels Infrarouges, l'émission utilisée n'est pas directive. Cela permet d'éviter l'obligation d'avoir les deux interfaces face à face et ainsi, permet de construire un LAN plus facilement. Leur portée peut atteindre 10m, voire 20m avec des interfaces plus sensibles et de la configuration de l'environnement du LAN.

Le seul inconvénient de ce support, est qu'il ne traverse aucun mur et difficilement une fenêtre. Son utilisation en extérieur n'est non plus à son avantage aussi, car, s'il n'y a aucune surface de réflexion, la portée est énormément réduite. Le signal reçu est assez faible. Donc, les LAN IEEE 802.11 utilisant un support physique à infrarouge se limitent à une pièce.

La couche infrarouge utilise une technique de transmission de données codée analogiquement, appelée *Pulse Position Modulation* (PPM), qui fait varier la position d'une impulsion pour représenter les données binaires.

La couche physique elle-même est découpée en deux sous couches (Figure 2.12):

- ✓ La sous-couche PLCP qui permet de donner une vue unique à la couche Mac quelle que soit la couche physique
- ✓ La sous-couche PMD dépend de la couche physique (IR, DSSS ou FHSS)

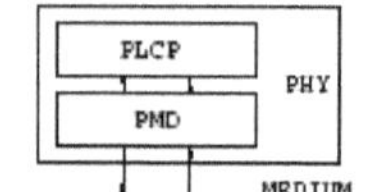

Figure 2.12 : Découpage de la couche physique

A.4 L'OFDM

La modulation OFDM (Orthogonal Frequency Division Multiplexing), parfois appelée Discrete Multitone Modulation (DMT), est sans doute la plus puissante des trois modulations du Wifi car elle permet à la fois les débits les plus importants (54Mbits/s), la meilleure résistance au multipath, mais aussi la plus grande capacité de partage du spectre, elle est donc particulièrement indiquée en intérieur avec une densité importante d'antennes Wifi.On la trouve à la fois dans le 802.11g et a. D'autres technologies l'exploitent, dont en particulier la Digital Subscriber Line (DSL).

B. Couche Liaison de données

La couche liaison de données est divisée en deux sous-couches LLC et MAC.
La sous-couche LLC a gardé les mêmes propriétés que la LLC 802.2 d'IEEE [4]
La couche MAC uniformisée pour toutes les couches physiques définit le protocole d'accès au canal qui est basé sur le protocole CSMA/CA.

B.1. Sous-couche LLC

La couche LLC a été définie par le standard IEEE 802.2. Cette couche permet d'établir un lien logique entre la couche MAC et la couche de niveau 3 du modèle OSI, la couche réseau. Ce lien se fait par l'intermédiaire du *Logical Service Access Point* (LSAP).
La couche LLC fournit deux types de fonctionnalités :

- **un système de contrôle de flux;**
- **un système de reprise après erreur.**

La trame LLC contient une adresse en en-tête ainsi qu'une zone de détection d'erreur en fin de trame: le *forward error correction* (FEC).
Son rôle principal réside dans son système d'adressage logique, qui permet de masquer aux couches hautes les informations provenant des couches basses. Cela permet de rendre interopérables des réseaux complètement différents dans la conception de la couche physique ou de la couche MAC possédant la couche LLC.

La couche LLC définie en 802.11 utilise les mêmes propriétés que la couche LLC 802.2, Ce qui autorise la compatibilité d'un réseau 802.11 avec n'importe quel autre réseau IEEE 802 (comme *Ethernet*).

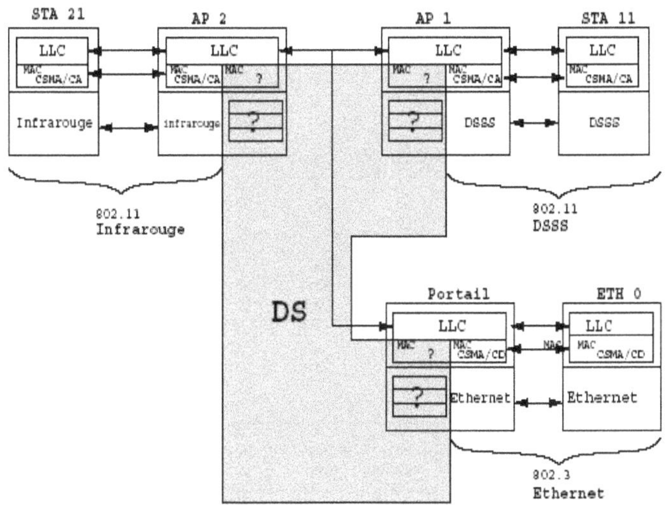

Figure 2.13: Sous couche LLC

B.2. Sous couche MAC

La sous-couche MAC ressemble beaucoup à celle de la norme *Ethernet* (IEEE 802.3) puisqu'elle assure la gestion d'accès de plusieurs stations à un support partagé dans lequel chaque station écoute le support avant d'émettre.
La norme IEEE 802.11 utilisant un support radio, sa couche MAC intègre à la fois d'anciennes fonctionnalités inhérentes à la couche MAC, voire à d'autres couches hautes du *modèle OSI*, même si de nouvelles fonctionnalités ont été ajoutées.

Le rôle de la couche MAC 802.11 est aussi similaire à celui de la couche MAC 802.3 du réseau Ethernet terrestre : les terminaux écoutent la porteuse avant d'émettre. Si la porteuse est libre le terminal émet, sinon il se met en attente. Cependant, la couche MAC 802.11 intègre un grand nombre de fonctionnalités que l'on ne trouve pas dans la version terrestre.
La couche MAC doit assurer les fonctionnalités suivantes :

- Procédures d'allocation du support
- Adressage des trames
- Formatage des trames
- Contrôle d'erreur
- Fragmentation / Réassemblage.

o **Le format de la trame MAC (Figure 2.14):**
Le standard 802.11 définit le format des trames échangées. Chaque trame est constituée d'un en-tête (appelé MAC header, d'une longueur de 30 octets), d'un corps et d'un CRC permettant la correction d'erreur.

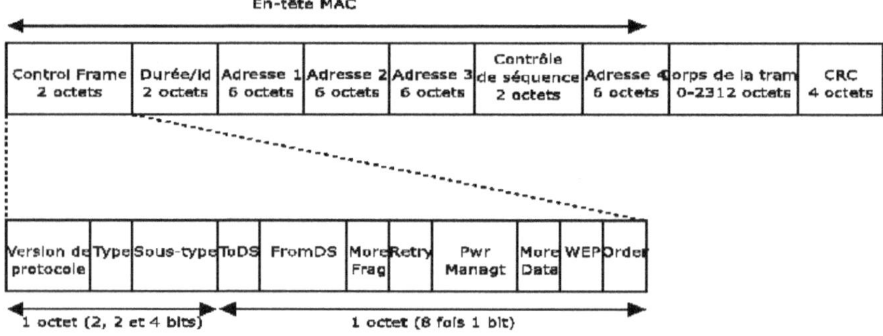

Figure 2.14 : La trame MAC de la norme IEEE 802.11.

a) ***Durée/ID***

Ce champ a deux sens, dépendant du type de trame :
-pour les trames de polling en mode d'économie d'énergie, c'est l'ID de la station
-dans les autres trames, c'est la valeur de durée utilisée pour la mise à jour du NAV

b) Les champs d'adresses : Une trame peut contenir jusqu'à quatre adresses :

❖ **Adresse 1** : est toujours l'adresse de la station destination. Si To DS est à 1, c'est l'adresse du point d'accès.
❖ **Adresse 2** : est toujours l'adresse de l'émetteur. Si From DS est à 1, c'est l'adresse du Point d'Accès, sinon, c'est l'adresse de la station émettrice.

❖ **Adresse 3** : est l'adresse de l'émetteur original quand le champ From DS est à 1. Sinon, et si To DS est à 1, Adresse 3 est l'adresse destination.

❖ **Adresse 4** : est utilisé dans un cas spécial, quand le système de distribution sans fil (Wireless Distribution System) est utilisé et qu'une trame est transmise d'un Point d'Accès à un autre. Dans ce cas, To DS et From DS sont tous les deux à 1 et il faut donc renseigner à la fois l'émetteur original et le destinataire.

c) ***Contrôle de séquence :***

Le champ de contrôle de séquence est utilisé pour représenter l'ordre des différents fragments appartenant à la même trame, et pour connaître les paquets dupliqués, il consiste en deux sous champs :le numéro de fragment et le numéro de séquence qui définissent le numéro de trame et le numéro de fragment dans la trame.

d) ***CRC(Cyclic Redundancy Check)* :**

Est codé sur 32 bits et permet un contrôle d'erreur.

e) La trame MAC comporte un champ de contrôle assez complexe, dont les zones sont détaillées ci-dessous :

➢ **Version du protocole :** ce champ contient 2 bits, qui peuvent être utilisés pour reconnaître des versions futures possibles du standard 802.11. dans la version courante, la valeur est fixée à 0.

➢ **Type et sous-type :** les 6 bits définissent le type et sous type des trames définis dans le tableau 1 listé dans l'annexe A.

➢ **To DS :** ce bit est mis à 1 lorsque la trame est accédée au point d'accès pour qu'il la transmette vers le système de distribution. Cela inclut le cas où le destinataire est dans la même cellule et que le point d'accès doit relayer la trame. La trame est 0 dans toutes les autres trames.

➢ **From DS:** Ce bit est mis à 1 lorsque la trame vient du système de distribution.

➢ **More fragment :** ce bit est mis à 1 lorsque d'autres fragments suivent le fragment en cours.

➢ **Retry:** Ce bit indique que la transmission du fragment, ou d'une trame, en cours est une retransmission d'un fragment ou d'une trame précédemment transmis. Ainsi la station destination peut reconnaître les doublons, ce qui peut arriver lorsqu'un ACK se perd.

➢ **Power management :** ce bit est utilisé pour la gestion de l'énergie. Il indique que la station passe en mode d'économie d'énergie juste après la fin de la transmission de la trame en cour. Grâce à ce bit, les stations peuvent changer de mode de fonctionnement, passant du mode veille au mode actif, ou inversement.

➢ **More data :** ce bit est également utilisé pour la gestion de l'énergie. Il est utilisé par l'AP pour indiquer que les trames sont stockées pour une station. La station peut demander à recevoir les autres trames ou bien, grâce à cette information, passer en mode actif.

➢ **WEP :** ce bit indique que le corps de la trame est chiffré avec l'algorithme WEP.

➢ **Order (ordre) :** ce bit indique que cette trame est envoyée en utilisant la classe de service strictement ordonnées strictly-ordred service class). Cette classe est définie pour les utilisateurs qui ne peuvent pas accepter les changements d'ordre entre les trames **unicast** et **multicast**

❖ **La méthode d'accès au canal [1, 2, 3, 4, 5]**

- ***Mécanisme de réservation :***

L'écoute du support physique s'effectue à la fois au niveau physique, à l'aide du PCS (Physical Carrier Sense), et au niveau MAC, à l'aide du VCS (Virtual Carrier Sense).

Détection de porteuse physiquement : Le PCS détecte la présence d'autres stations en analysant les trames passant sur le support et détecte l'activité sur le support grâce à la puissance relative du signal des autres stations.
Elle est effectuée par la couche physique et dépend du médium et de la couche physique et de la modulation utilisée. La fabrication d'émetteur /récepteur qui soit capable de travailler à la fois en émission et en réception est onéreuse. Ceci venant s'ajouter au problème des nœuds cachés (voir plus loin) rend parfois la fonction physique de détection de porteuse incapable de fournir des informations nécessaires sur l'état du médium.

Détection de porteuse virtuellement NAV : Pour pallier les manques de la fonction physique de détection de porteuse, 802.11 intègre une fonction virtuelle de détection de porteuse basées sur un mécanisme appelée **NAV** (pour **N**etwork **A**llocation **V**ector). Le **NAV** est un temporisateur qui indique le temps pendant lequel le médium sera réservé .Une station qui souhaite émettre positionne le **NAV** à la valeur du temps pendant lequel elle souhaite utiliser le médium dans la trame (données, RTS, CTS)

Cette valeur de temps prévoit l'ensemble des trames nécessaires à la complétion de l'opération courante. Cette valeur indique le temps pendant lequel le médium sera occupé.
Les autres stations du réseau incrémentent simplement la valeur du **NAV,** avec cette nouvelle valeur lue sur les trames qui passent. C'est ainsi que lorsque le **NAV** est non nul, la fonction virtuelle de détection de porteuse reporte une utilisation du medium et indique un médium libre lorsque cette valeur est à 0.

Le protocole de base de la couche Mac 802.11 définit deux modes de transmission des paquets de données (voir Figure 15) :
– Distributed Coordination Function (DCF) basé sur le protocole CSMA/CA (Carrier Sense Multiple Access/Collision Avoidance).
– Point Coordination Function (PCF) qui est optionnel, et ou le point d'accès contrôle toutes les transmissions en se basant sur un mécanisme centralisé d'interrogation (polling).
La couche MAC travaille avec les files d'attente de type first in first out (FIFO). Et pour limiter la probabilité de collision de longues trames et les nombreuses retransmissions, les trames peuvent être fragmentées si elles ne sont pas destinées pour un trafic multicast ou broadcast (diffusion).

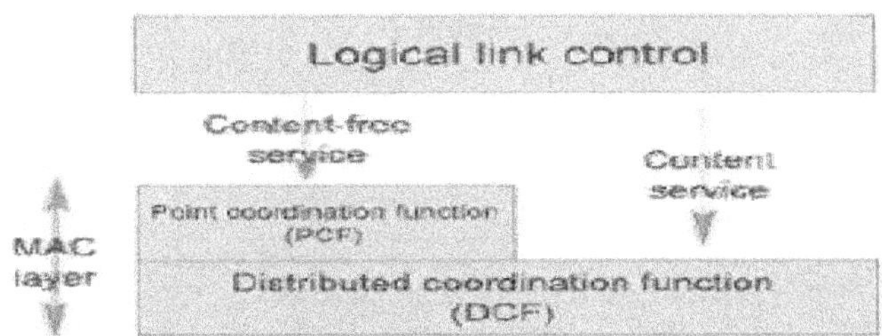

Figure 2.15 : Découpage de la sous couche MAC

B.2.1. DCF

Cette technique est utilisée aussi bien par le mode Ad Hoc que l'infrastructure.
Le principe général est d'écouter le canal, s'il est libre pendant une période minimale nommée DCF Interframe (DIFS qui est de 50 µs pour le 802.11b), la station commence à décrémenter son compteur backoff à chaque fois qu'elle détecte le canal libre pendant un intervalle d'un slot (20 µs pour 802.11b). Si le compteur backoff expire et le médium est toujours libre, la station commence à transmettre des trames ou MAC Service Data Unit (MSDU) de taille quelconque. Chaque fois qu'une trame est correctement reçue, la station destinataire doit immédiatement acquitter en envoyant une trame d'acquittement (ACK) après un court moment appelé Short Interframe Space (SIFS+2slots de temps), de telle sorte que la trame ACK soit protégée des contentions des autres stations (voir Figure 16). Si l'ACK n'est pas reçue, la trame de données est retransmise après un autre backoff aléatoire et un autre processus de contention. Après chaque transmission réussie, un autre processus backoff est lancé par la station émettrice, même si elle n'a plus de trames en attente de transmission. Il est appelé le post-backoff, puisqu'il est accompli après et non avant, il permet d'avoir au moins un intervalle backoff entre deux transmissions consécutives de MSDU. La valeur initiale du compteur du backoff va être choisi parmi des valeurs distribuées uniformément appartenant à l'intervalle [0, CW], ou CW est la fenêtre de contention. Il est calculé comme suit:

Backoff Time = Random()*aSlotTime [2]

où Random() est un nombre aléatoire appartenant à l'intervalle [0, CW] et CW est comprise entre CWmin et CWmax
CW dépend des caractéristiques CWmin et CWmax de la couche physique (31 et 1023 pour 802.11b respectivement).La valeur initiale de CW est CWmin, et après chaque transmission ratée (la transmission n'ayant pas été acquittée), elle va être augmentée selon l'équation [3], jusqu'à CWmax. Mais retouvera la valeur CWmin à la prochaine trame.

$$CW = 2^{k+i-1} - 1 \qquad [3]$$

Où i est le nombre de tentatives d'accès au medium et k est un entier qui définit la fenêtre de contention minimale CWmin (CW augmente de façon exponentielle, voir Figure 17).

Si le canal devient occupé pendant un processus de backof, ce dernier est suspendu, et il est repris dès que le canal redevient libre pour une période de DIFS

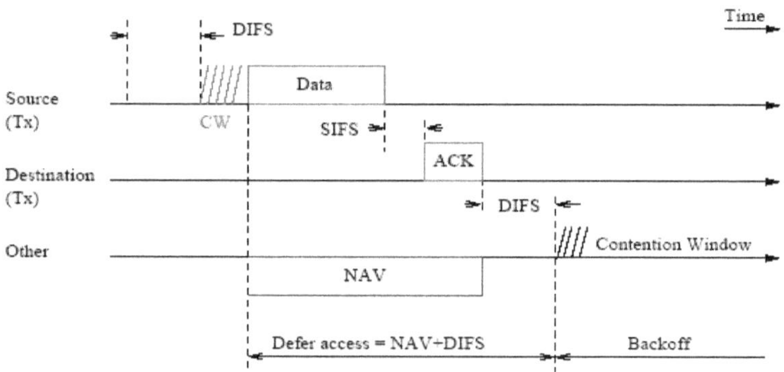

Figure 2.16 : Transmission en DCF

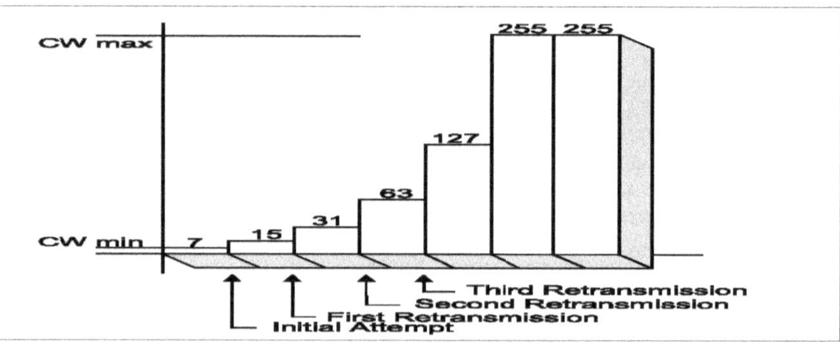

Figure 2.17: Un exemple de l'augmentation exponentielle de CW [1]

Une trame MSDU arrivant à la station, des couches supérieures va être transmise immédiatement sans attente si le dernier post-backoff a été complété (la file d'attente étant vide), et le canal libre pour un intervalle minimal de DIFS.

Cependant un autre problème spécifique aux réseaux sans fil est celui de la station cachée. Deux stations situées de part et d'autres d'un obstacle (ou d'un point d'accès) peuvent ne pas s'entendre, ce qui conduit à une collision, voir Figure 2.18.

Pour résoudre ce problème un mécanisme de réservation du canal est utilisé mais qui est optionel. Une station voulant réserver le canal envoie une courte trame RTS (Request To Send) et attend l'arrivée d'une trame CTS (Clear To Send) sans quoi la trame RTS est retransmise.

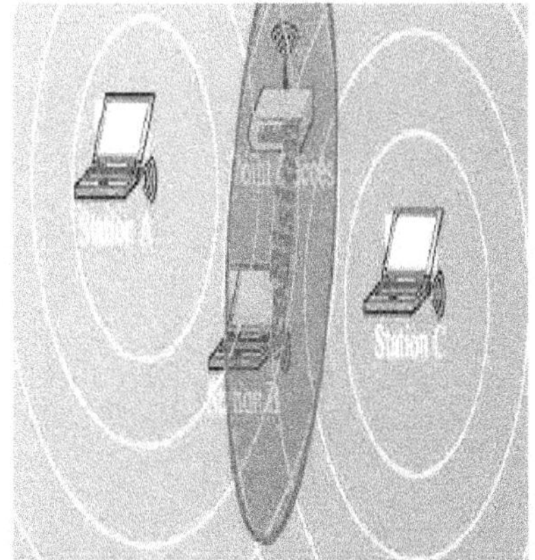

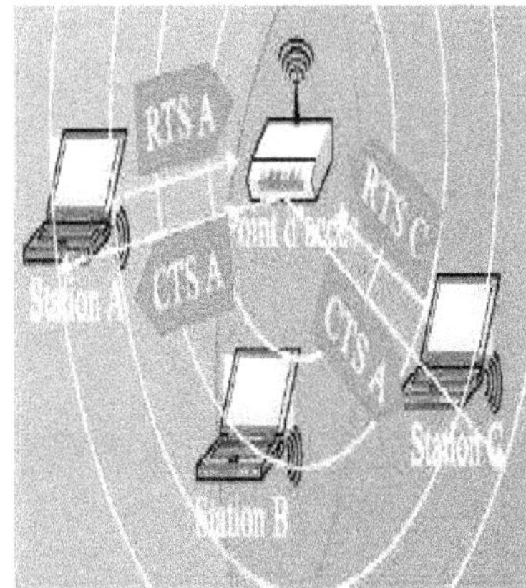

Figure 2.18 : Mécanisme RTS et CTS

La trame RTS contient la durée de la transmission et de son acquittement. Ainsi toutes les stations qui entendent l'activité de la station émettrice vont différer leur transmission. La station qui n'entend pas cette activité saura que le canal est occupé lorsque la station réceptrice répondra par la trame CTS et donc elles mettront à jour leur Network Allocation Vector (NAV) (voir Figure 2.19). Cette trame contient également la durée (qui reste) de la transmission. Ainsi toutes les stations sont informées d'un éventuel dialogue.
A noter que ce mécanisme n'empêche pas qu'une collision se produise car les stations cachées peuvent émettre des trames RTS simultanément. Néanmoins cela est moins catastrophique qu'une trame de donnée qui est beaucoup plus grande.
Il appartient aux stations de décider si elles implémentent ce mécanisme ou pas à travers la variable *RTSThreshold*. Le trafic multicast et broadcast ne peut utiliser un tel mécanisme. Quant une trame de données est fragmentée, chaque fragment doit être acquitté, et la prochaine trame est envoyée après un SIFS après la réception de la trame ACK (voir Figure 2.20).

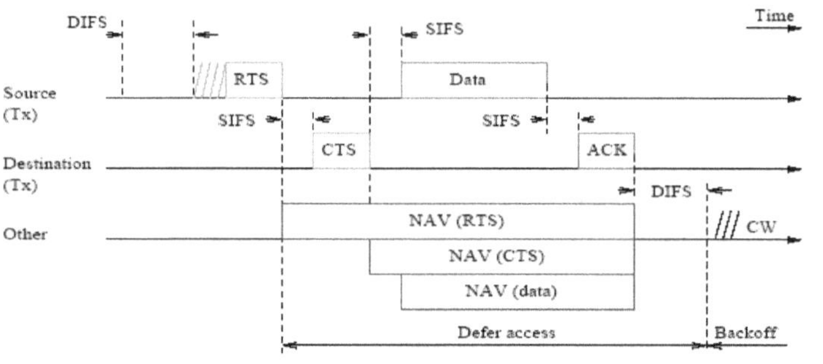

Figure 2.19 : Utilisation des trames RTS et CTS et la mise à jour du NAV

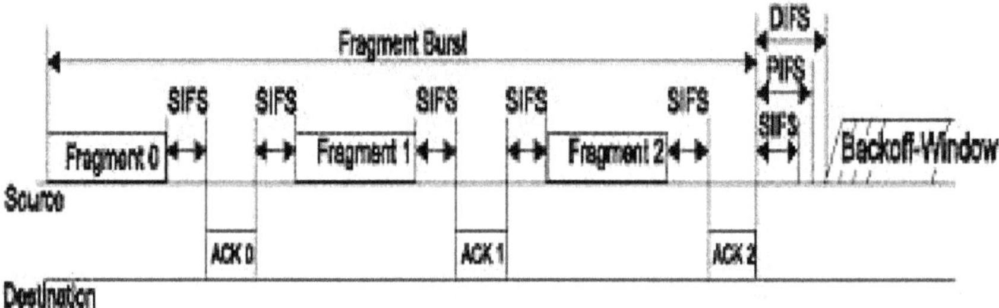

Figure 2.20: Transmission de multiples fragments [1]

B.2.2. PCF

Cette fonction optionnelle a été définie dans le but de supporter les services en temps réel et permettre aux stations d'avoir des priorités dans l'accès au canal, coordonné par le point d'accès. Donc cette fonction n'est utilisable que dans le mode infrastructure. Le trafic PCF va avoir des priorités élevées par rapport aux stations opérant avec le mode DCF, car elles peuvent commencer leur transmission après un intervalle de temps plus court que DIFS appelé PCF Interframe Space (PIFS=SIFS+1slot time). De cette manière PCF crée une période sans contention.

Une utilisation prolongée du PIFS peut bloquer le réseau. C'est pourquoi une trame appelée super trame a été crée, contenant plusieurs trames beacon, dans le but de transmettre des informations de management aux stations. Les stations vont utiliser les informations véhiculées par la super trame pour s'associer avec le PA pendant la période de contention pour réserver du temps de transmission lors de la période sans contention (qui correspond à un intervalle de temps défini et dès que cet intervalle touche à sa fin, la station centrale libère le réseau).

Ce contrôle est opéré uniquement par un point d'accès (PA), qui va, suivant un multiplexage temporel, organiser une scrutation successive des stations (polling). Dans ce mode ce ne sont plus les stations qui essaient d'accéder au support mais le point d'accès qui contrôle le support. Celui-ci choisit la station qui pourra transmettre. Le mode PCF est optionnel dans la norme 802.11, il est toujours utilisé en alternance avec le mode DCF qui est toujours le mode d'accès principal (voir Figure 21). C'est lors du processus d'association que le point d'accès et la station indiquent s'ils implémentent cette fonction. L'activation se fait pour le point d'accès (PA), au travers de certains champs de trames de type balise (voir Figure 22), réponse d'association et pour la station associée, au niveau des trames de requête d'association et requête de vérification. Le point d'accès établit une liste d'interrogation (polling list) des stations associées fonctionnant en mode PCF.

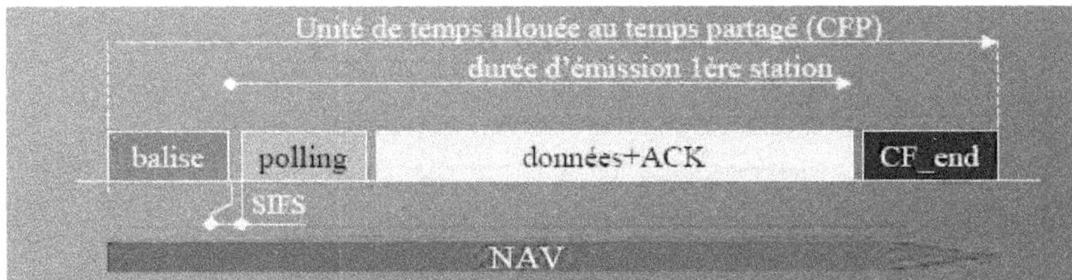

Figure 2.21 : Transmission en PCF

Le point d'accès peut gérer des stations fonctionnant dans les deux modes. Le mode PCF s'organise autour d'une " super trame " découpée en deux parties : une partie où le mode PCF est activé, c'est la CFP (Contention Free Period) qui correspond à une période de temps sans contention et une autre où l'on passe en mode classique DCF (accès distribué), c'est la CP (Contention Period) qui correspond à une période de temps avec contention. Le PA génère une balise, appelée Beacon Frame, pour indiquer le passage en mode PCF, après un inter trame PIFS. Cette balise est de type DTIM (Delivery Traffic Information Map) puis la station coordinatrice (PA) va interroger chaque station selon un algorithme de ROUND ROBIN, par des trames de type CF.Poll (Cotention Free Polling) et peut y associer des trames data et des ACK. La station interrogée peut alors transmettre ses données ou ne pas répondre, à la fin de PIFS, le PA reprend la main et interroge la station suivante de la liste d'interrogation, ou mettre fin aux interrogations par une trame appelée CF-End. Le mode PCF permet une certaine différentiation des trafics avec qualité de service (QOS) mais cette fonction n'est pas implantée dans la plupart des équipements. Le mécanisme RTS/CTS n'est pas utilisé dans ce mode et quant les trames sont fragmentées, elles sont envoyées individuellement.

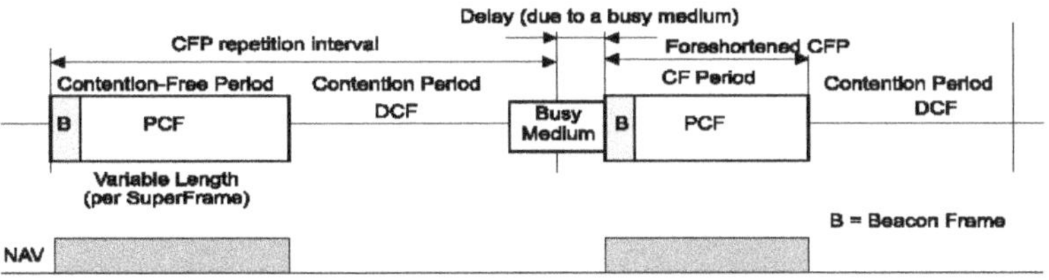

Figure 2.22: L'alternation CFP/CP [5]

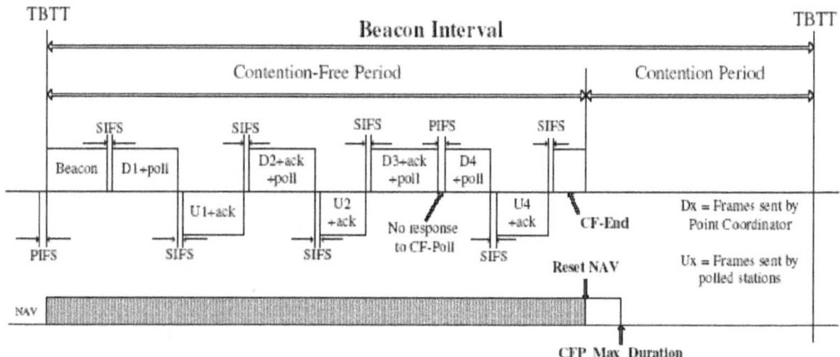

Figure 2.23: Exemple d'un transfert de trame beacon [1]

❖ Les limitations de DCF [70],[73],[74],[77],[78],[80],[83],[84-87],[91]

Le fonctionnement de DCF peut seulement supporter des services best effort, aucune garantie de QoS. Des applications avec des contraintes en terme de délai, de bande passante ou de gigue comme la voix sur IP, la communication audio/vidéo exigent des garanties sur la bande passante,le délai etc. Cependant, en mode DCF, toutes les stations dans un BSS accèdent aux ressources avec les mêmes priorités. Il n'y a aucun mécanisme de différentiation pour garantir la largeur de bande, le délai ou la gigue pour les stations prioritaires ou des flux multimédia.

❖ Les limitations de PCF [73],[74],[77],[83],[84]

Le mode PCF a été conçu pour supporter des applications multimédia mais il a trois problèmes principaux :

- ✓ Toutes les communications entre deux stations dans les mêmes BSS doivent passer par le point d'accès (PA), ainsi une certaine largeur de bande de canal est gaspillée. Quand ce genre de trafic croît, beaucoup de ressources de canal sont gaspillées.
- ✓ La coopération entre les modes de CP (Contention Period) et de CFP (Contention free Period) peut mener à un temps beacon imprévisible. Le PC (Point de Coordination) met la trame beacon à TBTT pour l'intervalle de CFP, et alors la balise peut être transmise si le canal a été trouvé libre pour un intervalle de temps plus long qu'un PIFS. Par conséquent, selon que le milieu sans fil est à vide ou occupé autour du TBTT, la trame balise peut être retardée. Dans la norme 802.11, on permet aux stations de commencer leurs transmissions mêmes si la transmission des trames ne peut pas se terminer avant le TBTT prochain. La durée de la balise à envoyer après le TBTT reporte la transmission des trames à service garanti, ce qui peut sévèrement affecter l'exécution de la QoS dans chaque PCF.
- ✓ Il est difficile de contrôler le temps de transmission d'une station interrogée. On permet à une station interrogée d'envoyer des trames de longueur comprise entre 0 et 2346 octets, y compris la variation du temps de transmission. En outre, le débit physique d'une station peut changer en fonction de l'état du canal qui est variable, ainsi il est très difficile pour un point d'accès de prévoir le temps de transmission de la station .Ceci fait une barrière

pour qu'un AP fournisse de la QoS à service garanti pour les autres stations figurant dans la liste (polling list) pendant le reste de la CFP (Contention Free Period).

2.3. Le standard 802.11e

Toutes ces limitations pour DCF et PCF ont mené à un grand nombre d'activités de recherches pour améliorer le support de la QoS en particulier 802.11e dont les objectifs s'étendent au support des modèles IntServ et DiffServ.
Plusieurs propositions ont été émises [8] et se classent en deux catégories mais utilisant le principe de différentiation des flux (voir Figure 2.24) :

- ✓ La QoS avec service basé sur les stations
- ✓ La QoS avec service basé sur les files d'attentes d'une même station

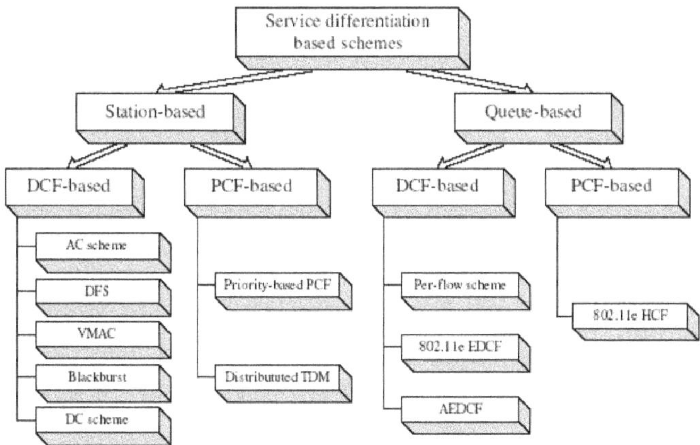

Figure 2.24 : Les différentes propositions pour introduire la QoS dans 802.11 [25]

Ici, nous citons [8], [10], [11] et [17]. Aad et Castelluccia [8] proposent trois mécanismes de différentiation entre différents utilisateurs du 802.11. Le premier mécanisme porte sur la différentiation par CW, le deuxième sur la différentiation par DIFS et le dernier sur la différentiation par la taille maximale des trames permises à un utilisateur. Une extension vers la différentiation entre les flux se trouve dans [17]. Dans [10], les auteurs proposent un mécanisme d'accès MAC équitable dans lequel les besoins en débits des utilisateurs sont exprimés en différents paramètres d'accès DIFS et différents intervalles de backoff. Pour finir, les auteurs de [11] proposent une méthode d'adaptation de la couche MAC pour la différentiation de services avec adaptation de la fenêtre de contention en fonction des classes de trafic et des conditions du réseau.
D'autres solutions [6], [7], [8], [9], [10], [11], [12], [13], [14], [15], [16],[140],[141],[143-145],[146-150],[166],[168],[169],[174] ont été proposées par la communauté de recherche pour développer des solutions plus robustes pour la fourniture de la QoS dans le standard 802.11 et ne

se basant pas sur la différentiation des flux. Ces solutions ont été classifiées différemment des précédentes en deux catégories :
La première catégorie regroupe les solutions dans lesquelles de nouveaux mécanismes d'accès complètement différents du standard initial sont proposés. Les travaux de [7] et [16] s'inscrivent dans cette catégorie. Dans [7], les auteurs affirment que les mécanismes d'accès du standard ne sont pas du tout adaptés aux applications temps réel. Par conséquence, ils proposent une nouvelle architecture de la couche MAC basée sur la technique de partage temporel du medium (Dynamic Time Division-Duplexing ou D-TDD). Choi et al, [16] proposent un protocole MAC basé sur la réservation distribuée appelé Early Backoff Announcement (EBA). Selon EBA, la station annonce des informations concernant son prochain backoff en termes de nombre de slots de temps dans l'entête MAC de sa trame en cours de transmission. Toutes les stations qui reçoivent cette information évitent les collisions en excluant le choix de la même durée de backoff quand ils commencent leur prochain backoff.
Le deuxième regroupe les solutions d'amélioration de performances par l'utilisation des techniques de changement des paramètres de backoff selon les conditions du réseau. Dans cette catégorie, nous pouvons citer les travaux de [9], [12], [13], [14] et [15]. Dans [9], les auteurs proposent un algorithme appelé Fast Collision Resolution (FCR). Dans cet algorithme, la fenêtre de contention de toutes les stations est mise à jour après chaque transmission et chaque collision. Ceci est effectué dans le but d'éviter des collisions futures. Dans cette proposition, des valeurs faibles de CW et des méthodes de décrémentation rapides du backof sont proposées pour diminuer le nombre de slots de temps vides et par la même occasion augmenter le débit pouvant être atteint par les stations. Aad et al, [12] proposent une méthode de décrémentation lente de CW après une transmission réussie en fonction des conditions du réseau. Cette amélioration diminue les taux de collision dans le cas des réseaux chargés et diminue le nombre de retransmissions multiples. Ce qui augmente le débit obtenu. Une proposition similaire est également décrite dans [13]. Egalement, dans [14] les auteurs proposent une méthode simple de réinitialisation de la fenêtre de contention, appelée Double Increment Double Decrement (DIDD), dans laquelle au lieu de repasser à la valeur CWmin après chaque transmission réussie, on divise la dernière CW utilisée par deux. Pollin et al, [15] traitent quant à eux le problème d'équité entre les applications ayant des trames de grande taille à celles ayant de faible taille de trames. Dans DCF, cette situation engendre des délais importants pour les applications à faible taille de trames. Pour résoudre ce problème, les auteurs proposent un nouveau mécanisme de réinitialisation de la fenêtre de contention et du processus de backoff.
Ces différents travaux ont nourri les discussions au niveau du groupe de travail 802.11.
En conséquence, un sous groupe de travail spécifique à la QoS s'est formé pour amender le standard 802.11. Le résultat de ce travail a aboutit en 2005 à la publication de l'amendement 802.11e [18]. Les améliorations apportées dans 802.11e et combinées aux améliorations récentes des capacités de la couche physique du 802.11 permettent ainsi d'augmenter la performance globale d'un WLAN et élargir ensuite son champ d'application pour couvrir les besoins des applications multimédia.

La norme 802.11e a adopté la solution basée sur les files d'attente et les différentiations entre les classes de trafic. Parmi ces extensions on peut citer :

a) EDCA (Enhanced Distributed Channel Access)
b) HCCA (Hybrid Controlled Channel Access)
c) DLP (Direct Link protocol)
d) Contention Free Bursts

e) Nouvelles règles d'acquittement (BlockAck, No Ack)

Les stations travaillant avec 802.11e sont appelées "QoS Station" et une " QoS station" qui joue le rôle du contrôleur central pour les autres stations du même QBSS est appelée "HC" pour Hybrid Coordinator. Un QBSS est un BSS avec un HC et des "QoS Stations". Le HC est typiquement un PA (Point d'Accès) 802.11e. HCCA utilise une méthode d'accès au canal basé contention appelée EDCA (qui est l'extension de DCF) qui opère dans les stations, en alternance avec un mécanisme d'accès au canal par interrogations (polling), qui lui opère dans le QAP (QoS AP) utilisant le HC.

2.3.1. EDCA [19]

EDCA a apporté une différenciation et une distribution à l'accès au canal en introduisant les catégories de trafic (Access Category AC) pour les stations, voir Figure 2.25.

UP, User Priority (Same as 802.1D)	802.1D Designation	802.11e AC (Access Category)	Service type
2	Not defined	0	Best Effort
1	Background (BK)	0	Best Effort
0	Best Effort (BE)	0	Best Effort
3	Excellent Effort (EE)	1	Video Probe
4	Controlled Load (CL)	2	Video
5	VI (Video <100ms latency and jitter)	2	Video
6	VO (Video <10ms latency and jitter)	3	Voice
7	Network Control (NC)	3	Voice

Figure 2.25 : Relation entre les priorités et les catégories d'accès dans EDCA

Quand une trame arrive à la couche MAC, elle est étiquetée avec un identificateur de trafic TID (pour Traffic Identifier) selon ses besoins en QoS, qui peut prendre les valeurs de 0 à 15. Les trames avec TID compris entre 0 et 7 sont placées dans quatre files d'attente (AC) et seront gérées par EDCA. D'autre part, les trames avec des valeurs de TID comprises entre 8 et 15 sont placées dans huit files d'attente (TS) et gérées par HCCA. Ca permet d'avoir une QoS paramétrée stricte avec les TS et une QoS prioritaire avec les AC.

Une autre caractéristique principale du 802.11e est le concept du créneau de transmission TXOP (transmission Opportunity), qui permet de chronométrer l'intervalle de temps autorisé pour qu'une station particulière transmette des paquets. Pendant le TXOP, il peut y avoir des séries des trames transmises par une station séparées par SIFS. La valeur maximum de TXOP s'appelle *TXOPLimit*, qui est déterminé par le QAP (QoS AP).

La Figure 2.26 montre que dans EDCA, chaque STA (QSTA) possède 4 files AC, pour supporter 8 user priorities (UPs). Par conséquent, un ou plusieurs UP sont ramassés dans la même file AC, voir Figure 2.25. Ceci vient de l'observation qu'habituellement huit types d'applications ne transmettent pas leurs trames simultanément, et employer moins d'AC que d'UP, réduit l'overhead de la couche MAC. Chaque AC concoure pour l'obtention d'un temps de transmission TXOP<TXOPlimit et indépendamment lance un processus de backoff après avoir détecté un canal libre pendant une période IFS arbitraire (AIFS au minimum égal à DIFS) et qui est choisie individuellement pour chaque AC. Chaque file d'attente AC travaille comme une STA DCF indépendante et utilise ses propres paramètres backoff, et différentes tailles de l'InterFrame Space

(IFS) sont utilisées selon l'équation [4]. La Figure 2.27 montre le diagramme détaillé des temps pour un fonctionnement en EDCA.

AIFS [AC] = AIFSN [AC] * SlotTime + SIFS [4]

Où la valeur par défaut de l'AIFSN (Arbitrary InterFrame Space Number) est égale à 1 ou 2 [2].

Quand AIFSN=1, les files à haute priorité AC1, AC2 et AC3 ont leur AIFS égal à PIFS. Quand AIFSN=2, la file ayant la plus basse priorité AC0 a son AIFS égal à DIFS. Quand une trame arrive dans une file AC vide et le canal a été libre pendant AIFS [AC] + SlotTime, la trame est transmise immédiatement. Si le canal est occupé, le paquet arrivé dans chaque AC doit attendre jusqu'à ce que le canal devienne libre et attend encore pendant AIFS+SlotTime. Ainsi la file d'attente AC avec un AIFS petit a la priorité la plus élevée. Par exemple, le temps d'attente pour pouvoir transmettre, de la file la plus prioritaire est de PIFS+SlotTime=DIFS, tandis que ce même temps pour les files best effort est de DIFS+ SlotTime. Pour qu'un paquet de priorité i puisse être transmis, il est nécessaire qu'après avoir attendu durant une période correspondant à *AIFS*[i], suivant un mécanisme similaire à celui de l'accès décentralisé de la norme IEEE 802.11, un compteur backoff est décrémentée durant les périodes d'inactivité du canal. La durée du backoff pour un paquet de priorité i est calculée de la façon suivante :

attente= *aléa_uni* ($CW[i]$)*slotTime [5]

où *aléa_uni* ($CW[i]$) est un entier aléatoire dans l'intervalle [1, $CW[i]$ + 1].

Par ailleurs, $CW[i]$ est contraint par : $CW\min[i] <= CW[i] <= CW\max[i]$
Lors de la première tentative de transmission, nous prenons : $CW[i] = CW\min[i]$.
À l'issue d'une tentative de transmission infructueuse, la trame n'étant pas acquittée, une nouvelle valeur de $CW[i] = CW\min[i]$ est calculée selon la formule :

NouveauCW[i]=(ancienCW[i]+1)*PF[i]-1 [6]

avec PF (Persistence Factor), tout en tenant compte de la contrainte précédente

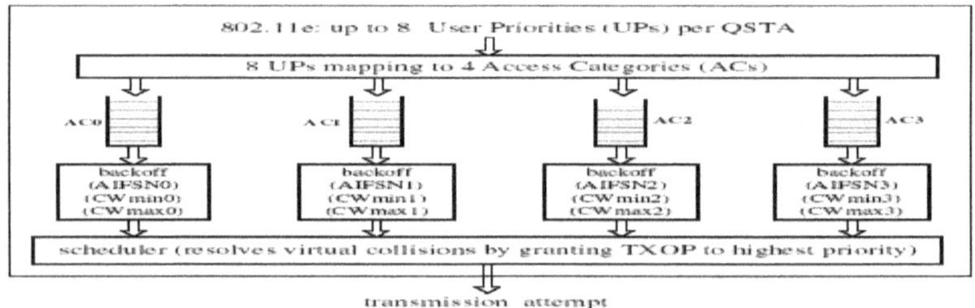

Figure 2.26: Ordonnanceur EDCA

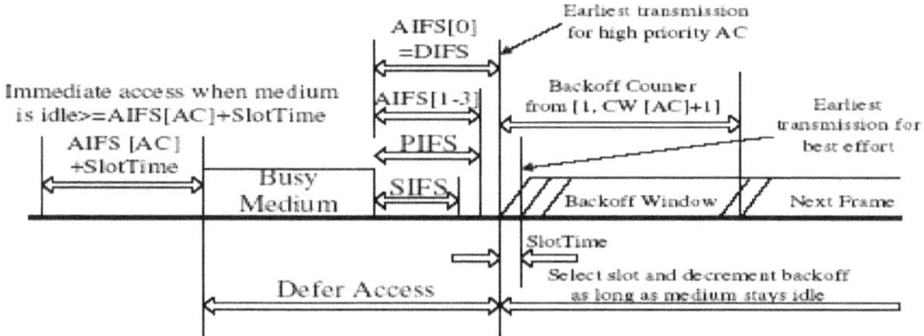

Figure 2.27: Relation entre les IFS [2]

Une deuxième méthode, pour différentier les files d'attente consiste à assigner différentes valeurs de CWmin aux AC. Assigner une petite valeur CWmin à l'AC le plus prioritaire assure que dans la plupart des cas, la file AC prioritaire peut transmettre des paquets avant la moins prioritaire. Si les compteurs backoff de deux ou plusieurs AC dans la même QSTA atteignent la valeur zéro au même moment, un Ordonnanceur à l'intérieur de la QSTA évitera la collision virtuelle par l'octroi d'un EDCA-TXOP plus grand à l'AC le plus prioritaire. En même temps, les autre AC ayant subi une collision entrent dans un processus backoff et doublent la valeur de CW, comme pour une collision externe. De cette façon, EDCA est censé améliorer l'exécution de DCF dans des conditions de congestion. La valeur par défaut de AIFSN [AC], CWmin [AC], CWmax [AC] et TXOPLimit [AC] sont annoncés par le QAP dans les trames beacon, et le standard 802.11e permet aussi au QAP d'adapter ces paramètres de manière dynamique en fonction des conditions du réseau [2]. Mais comment tout cela doit se faire n'a pas été indiqué et reste donc du domaine de la recherche [6-18].

Pour améliorer le débit de transmission, le mécanisme d'envoi de plusieurs trames par la même QSTA dans EDCA peut être utilisé, c à d qu'une QSTA ayant gagné un EDCA-TXOP, peut transmettre plusieurs trames pendant TXOPLimit sans reconcourir pour l'obtention du canal. Pour s'assurer qu'aucune autre QSTA n'interrompt le processus, SIFS est utilisé entre l'envoi de trames consécutives. Si une collision se produit, le mécanisme est interrompu. Ce mécanisme peut réduire l'overhead du réseau et augmenter le débit par l'utilisation de l'acquittement groupé. Cependant, il peut aussi augmenter la jitter, donc le TXOPLimit ne doit pas être plus grand que le temps requis pour la transmission de la plus grande trame de données.

Comme nous l'avons évoqué lors de la description du mécanisme d'accès EDCA, la différentiation de services est basée sur l'utilisation des trois paramètres de différentiation. AIFS(AC), CW(AC) (CWmin(AC), CWmax(AC)) et TXOPLimit(AC). Ces paramètres ne sont pas figés dans le standard comme dans DCF et peuvent être modifiés dynamiquement par le QAP pour les quatre ACs par l'intermédiaire de ce qu'on appelle l'EDCA Parameter Set Element . Ces paramètres sont envoyés par le QAP aux QSTAs dans les trames de balise. Cet ajustement permet aux STAs dans le réseau de s'adapter aux changements des conditions du réseau, et donne au QAP la possibilité de gérer la performance globale du réseau. La Figure 28 montre comment ces paramètres sont spécifies dans l'EDCA Parameter Set Element et le Tableau 2 contient les valeurs par défaut de ces paramètres de différentiation.

Pour chaque AC, quatre octets de l'EDCA Parameter Set Element sont réservés pour la spécification des valeurs de ces paramètres d'accès. Un octet pour AIFS, un octet pour CWmin et CWmax et deux octets pour TXOPLimit.

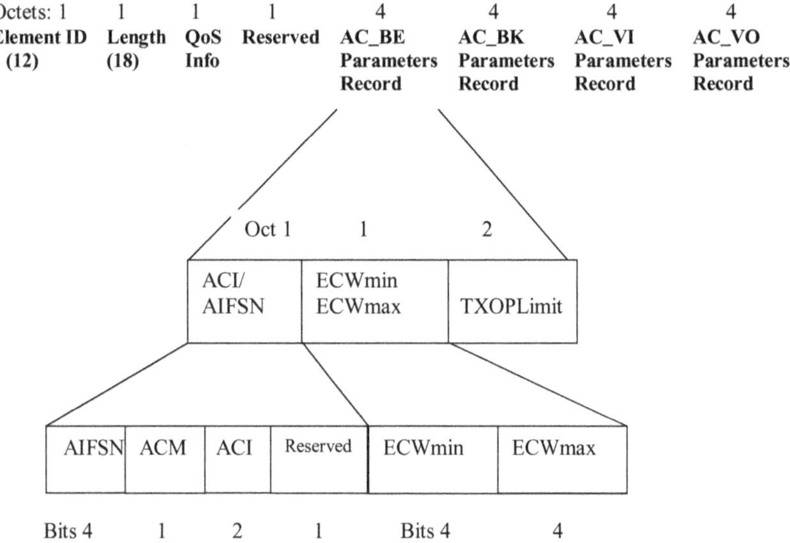

Figure 2.28 : Contenu du EDCA Parameter Set Element

AC	CWmin	CWmax	AIFSN	TXOPLimit pour les deux premières couches physiques	TXOPLimit pour OFDM
AC_BK	aCWmin (31)	aCWmax (1023)	7	0	0
AC_BE	aCWmin	aCWmax	3	0	0
AC_VI	(aCWmin+1)/2 - 1	aCWmin	2	6016µs	3008 µs
AC_VO	(aCWmin+1)/4 - 1	(aCWmin+1)/2 - 1	2	3264 µs	1504 µs

Tableau 2.1 : Paramètres de différentiation par défaut d'EDCA

Pour les quatre autres bits de l'octet du paramètre AIFS, on trouve l'ACI (Access Category Indicator) sur deux bits, l'ACM (Admission Control Mandatory) sur un bit et un dernier bit réservé. Dans l'ACI, se trouve l'identificateur de l'AC pour laquelle sont associés les paramètres d'accès (0 pour AC_BE, 1 pour AC_BK, 2 pour AC_VI et 3 pour AC_VO). L'ACM est utile pour le contrôle d'admission, s'il est positionné à un, ce bit indique que l'AC correspondante ne peut pas accéder au canal sans demander un contrôle d'admission. Positionner ce paramètre à 0, signifie que le contrôle d'admission n'est pas requis pour cette AC.

2.3.2. HCCA [19]

HCCA est conçu pour supporter la QoS paramétrée, qui combine les avantages de PCF et DCF. La grande nouveauté est que HCCA peut commencer le mécanisme d'accès contrôlé du canal aussi bien dans l'intervalle CFP sans contention que CP avec contention. La Figure 29 est un exemple typique d'un intervalle beacon 802.11e, qui se compose de modes alternés de CFP optionnel et de CP de base. Pendant la CP, une nouvelle période sans contention nommée phase d'accès contrôlé (CAP :controlled access phase) est introduite. Les CAP sont plusieurs intervalles durant lesquels des trames sont transmises en utilisant HCCA. HCCA peut commencer une CAP en envoyant des QoS-trames ou des QoS CP-Poll trames pour allouer des TXOP aux différentes QSTAs après que le canal soit resté libre pendant au moins PIFS. Puis le temps restant du CP peut être utilisé par EDCA. Ce schéma flexible sans contention rend PCF et CFP inutiles et ainsi optionnels dans 802.11e· Par l'utilisation des CAP, le temps entre deux trames beacon de HCCA ne dépend plus, du temps borné des applications multimédia (qui détermine les instants auxquels les STAs ont besoin d'être interrogées, et donc des intervalles entre deux trames beacon). Par exemple, afin de satisfaire un trafic audio avec une exigence de latence maximale de 20 millisecondes (ms) utilisant PCF, l'intervalle beacon ne doit pas être supérieur à plus de 20ms, alors que la partie fixe de la CP force le trafic audio à attendre la prochaine interrogation. D'autre part, HCCA peut augmenter la fréquence d'interrogation en démarrant une CAP à tout moment, ceci garantit les temps bornés, avec n'importe quelle taille d'intervalle beacon. Donc il n'y a aucun besoin de réduire la taille de la beacon, qui a toujours augmenté l'overhead. En plus, le problème de la beacon dans PCF est résolu, car dans HCCA, une QSTA n'est pas autorisée à transmettre une trame si cette transmission ne peut pas être finie avant le prochain TBTT.

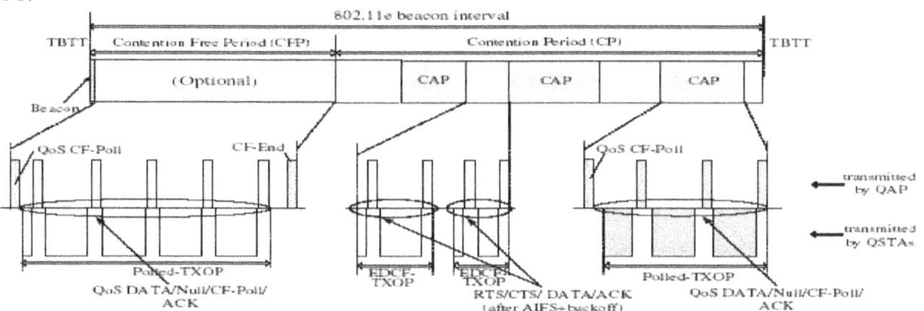

Figure 2.29: Répartition temporelle typique d'une trame beacon 802.11e HCCA

Dans HCCA, la garantie de la QoS est basée sur les spécifications du trafic (TSPEC) entre le QAP et les QSTAs. Avant de transmettre une trame qui exige une QoS paramétrable, une connexion virtuelle appelée TS (traffic stream) est établie. Dans le but d'établir une TS, un ensemble de paramètres TSPEC (comme le débit moyen, taille nominale des trames, l'intervalle de service maximum SI, etc.) sont échangés entre QAP et les QSTAs. En se basant sur ces derniers paramètres, l'Ordonnanceur du QAP calcule la durée du TXOP demandée pour chaque QSTA, et le leur alloue. Puis l'Ordonnanceur de chaque QSTA assigne le TXOP aux différentes files TS selon l'ordre prioritaire. Un simple Ordonnanceur round-robin est proposé dans le draft IEEE 802.11e [2] voir Figure 30. Notons que l'intervalle de service maximum (SI : Interval Service) de chaque TS correspond à l'intervalle de temps max entre le début de deux TXOPs successifs. Si cette valeur est petite, elle peut fournir des délais bas mais introduit plus de trames CF-Poll. Si différents TS ont différents SI, l'Ordonnanceur choisira la valeur minimale de tous les SI demandés par les flux admis. Cependant, le QAP a la possibilité d'utiliser un algorithme de contrôle d'admission, pour déterminer si un nouveau TS peut être accepté ou pas dans son BSS. Quand un TS est accepté, le QAP essaye de fournir la QoS en assignant la bande passante nécessaire au TS. Durant une CFP, le canal est totalement contrôlé par le QAP. Durant une CP, il peut utiliser le canal dès qu'il le désire (après une attente de PIFS). Après avoir reçu une trame QoS CF-poll, la QSTA interrogée a l'autorisation de transmettre plusieurs trames selon le processus appelé contention free burst (CFB), avec un temps total de transmission n'excèdent pas TXOPLimit. Toutes les autres QSTAs mettent à jour leur NAV avec le TXOPLimit plus un slot time (voir Figure 28). De cette manière, personne n'ira concourir pour l'obtention du canal durant cette période. Si la QSTA n'a rien à transmettre, elle va répondre au QAP par une trame QoS-Null.

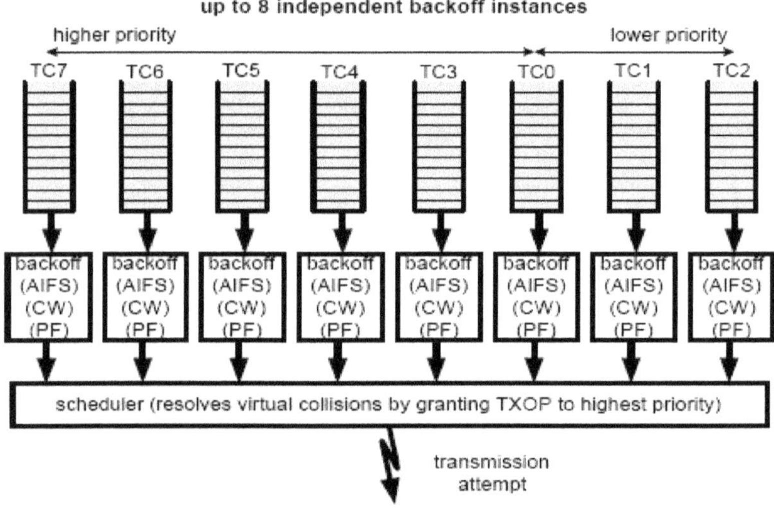

Figure 2.30 : Ordonnanceur HCCA

Le QAP a besoin d'information fraîche de la part des stations qui veulent être interrogé dans le but d'émettre. HCCA permet aux stations de demander du TXOP en envoyant des trames courtes appelées short ressources requests (RR), sans concourir pour accéder au canal. Pour cela, les RR sont envoyées pendant une contention contrôlée (Controlled Contention Interval CCI) qui commence après un PIFS après la fin de transmission d'une trame spécifique de contrôle envoyé par le QAP seulement durant une CP ou CFP. Cette trame de contrôle force les stations sans QoS à mettre à jour leur NAV jusqu'à la fin de CCI, voir Figure 31. La trame de control définit un certain nombre d'opportunités en mode contention contrôlée (petits intervalles séparés par SIFS) et un masque de filtrage contenant des AC dans lesquels les RRs peuvent être placés. Chaque station avec 15 trafics en attente d'une correspondance avec un masque de filtrage choisit un intervalle opportuniste et transmet une trame RR contenant les besoins de ses AC et la durée du TXOP nécessaire ou la taille des files de ses AC. Pour augmenter la résolution des collisions, le QAP acquitte les trames RR dans le champ « feedback field » dans la prochaine trame de contrôle en générant une trame de contrôle avec un CCI égal à zéro, de telle façon à ce que les stations désirant émettre détectent les collisions survenues durant la contention contrôlée

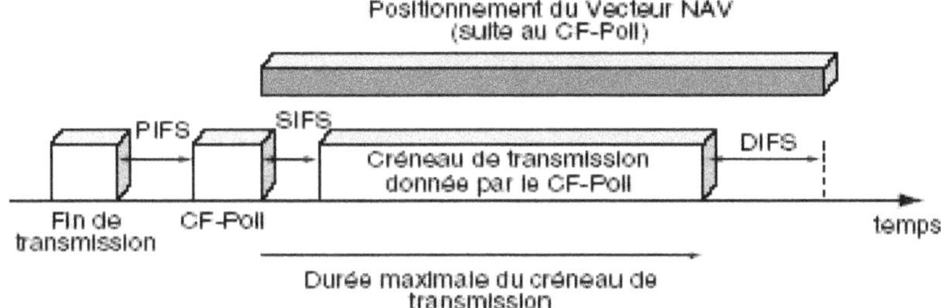

Figure 2.31 : Créneau de transmission en HCCA

La trame CF-Poll permet, grâce au mécanisme du vecteur d'allocation (NAV), d'interdire la transmission durant le créneau de transmission. Dans le cas où tout le créneau de transmission ne serait pas utilisé par la station interrogée, cette dernière peut annuler l'effet du vecteur d'allocation en utilisant une trame CF-End.

Les variables suivantes se trouvent dans la MIB (Management Information Base) et sont repérées comme suit :

- TXOP : **dot11DefaultCPTXOPLimit**, valeur par défaut qui peut être modifiée par le point d'accès
- CFP : **aCFPRate** et **aCFPMaxDuration** déterminent respectivement la fréquence de transmission et la durée maximale de la période CFP (Contention free period)
- CAP : **dot11CAPRate** et **dot11CAPMax** déterminent respectivement la fréquence de transmission et la durée maximale de CAP (Période d'intervention du PA en mode contention)

2.4 DLP (Dynamic Link Protocol) [19]

Les spécifications de trafic dans le standard 802.11 original en mode AP ne permettent l'écoulement du trafic entre stations qu'en passant par l'AP uniquement. Le protocole de liaison directe (DLP) dans la norme 802.11e donne la possibilité aux stations d'envoyer le trafic directement entre elles sans traverser l'AP. Cette possibilité peut potentiellement augmenter la largeur de bande disponible pour la communication de station à station. Le DLP fonctionnera seulement quand les stations qui veulent communiquer sont dans la portée l'une de l'autre. Le DLP pourrait également augmenter potentiellement le temps d'exécution dans le cas où le lien entre les stations qui communiquent est meilleur que le lien entre les stations et l'AP. Ceci a pu être le cas quand les stations sont plus près l'une de l'autre que de l'AP. Si après la durée '*DLPIdleTimeout* ' il n'y a aucune transmission de trames entre les deux stations, le lien direct est coupé voir Figure 32.

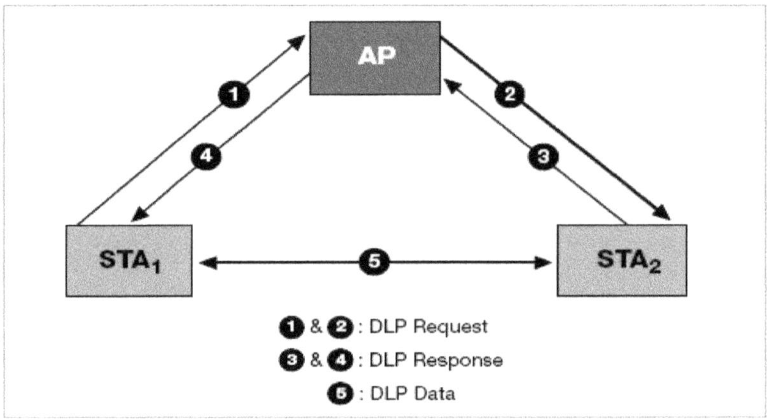

Figure 2.32 : Dialogue DLP

Avec le DLP, l'expéditeur envoie d'abord un message de demande de lien direct (DLP Request) comprenant son débit et bien d'autres informations au récepteur par le QAP (QoS Access Point). Une fois que le récepteur reconnaît la demande, le lien direct entre les deux stations est établi.

2.5 Contention Free Bursts (CFB) [19]

La méthode CFB permet à une station (QoS station) ou un AP (QoS AP) d'envoyer plusieurs trames immédiatement sans chercher à concourir au canal de nouveau. La station (ou bien l'AP) continue à transmettre après un temps SIFS dans la limite du créneau de transmission TXOP qui lui est accordé (en Contention Free Period ou en Contention Period). La méthode CFB améliore

beaucoup les performances en réduisant les backoffs et les overheads associés aux DIFS (voir Figure 33 et 34).
Les chercheurs se sont beaucoup interessés à l'étude des bénéfices introduit par ce mécanisme sur les performances globales du réseau dans [34],[35],[37],[38],[40],[50].
CFB permet surtout d'améliorer le débit de la carte 802.11g dans un environnement mixte avec la 802.11b. La station 802.11g qui est donc plus rapide peut transmettre plusieurs trames dans une période où la station 802.11b ne peut transmettre qu'une seule trame. Pour ce faire on associera à la station 802.11g un créneau de transmission égal à celui affecté à la 802.11b pour la transmission d'une seule trame.

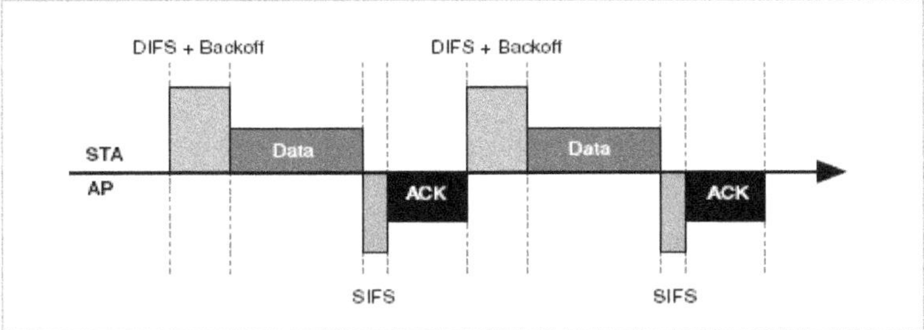

Figure 2.33 : Transmission des données sans Bursting

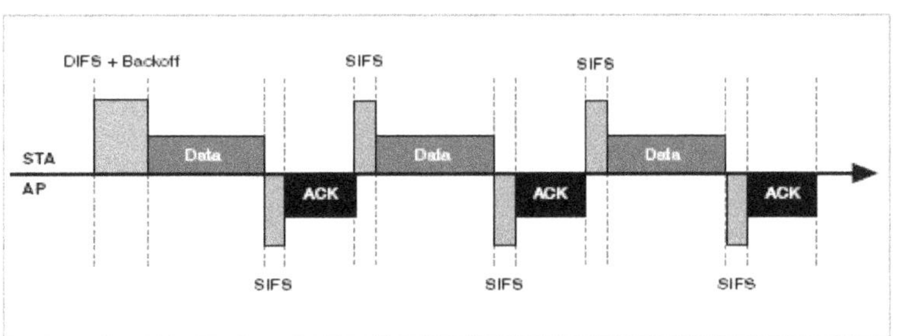

Figure 2.34 : Transmission des données avec Bursting

2.6. Nouvelles règles d'acquittement

Block Ack (Block Acknowledgements ou acquittement groupé)

Dans la norme 802.11 toutes les trames doivent être acquittées immédiatement. La norme 802.11e ajoute des nouvelles options qui sont spécifiées dans le champ ' QoS control' de la trame de données. BolckAck permet de faire une agrégation de plusieurs acquittements de multiples trames en une seule réponse (acquittement). On distingue deux cas :

- **Immédiat**

Dans ce cas le récepteur répond immédiatement par une trame block Ack une fois qu'il reçoit un Block Ack Request de l'envoyeur. Cette demande (bock Ack request) est envoyée par l'envoyeur

après avoir transmis plusieurs trames de données dans un CFB (Contention free Bursts) durant son TXOP (créneau de transmission).
Améliore l'efficacité en envoyant No Ack pour certaines applications. Ceci est très utile pour des applications avec faible tolérance de latence mais qui peuvent tolérer une perte significative des paquets (exemple Voice over IP)

- **Retardé**

Dans ce cas le récepteur répond à l'envoyeur avant une durée '*BlockAckTimeout*'. Très utile pour des systèmes à faibles performances sachant que le calcul des acquittements peut nécessiter beaucoup de temps.

2.7. Vers un contrôle d'admission dans 802.11 e

Du fait qu'EDCA est le mécanisme de base dans le standard 802.11e et que HCCA est optionnel et n'est pas largement implémenté dans les cartes Wi-Fi, les défis de recherche concernent plutôt EDCA et sont très nombreuses dans l'état de l'art, ce qui n'est pas le cas de HCCA. Ainsi, nous trouvons que la majorité des travaux et des études portent sur ce mécanisme d'accès. Dans la suite de ce chapitre, nous discutons la performance des deux protocoles EDCA et HCCA en exploitant leurs capacités de fournir un support pour les applications temps réel et multimédia. Nous verrons leurs limitations pour la fourniture effective d'une QoS aux applications multimédia. Puis nous discutons les apports et les solutions proposées dans la littérature pour améliorer la performance de ce protocole. Malgré toutes ces améliorations, la solution clé pour la maîtrise de la QoS des applications temps réel et multimédia reste la gestion des ressources par un mécanisme de contrôle d'admission. L'ensemble de ces idées sont discutées dans les sections suivantes.

2.7.1. Limitations du 802.11 e pour les applications multimédia

Comme nous l'avons souligné dans les sections précédentes de ce chapitre, 802.11e a été standardisé dans le but de permettre au WLAN de supporter la QoS par la différentiation des classes de services au niveau de la couche MAC. Cette différentiation est effectuée de telle sorte que la couche MAC puisse acheminer les trafics temps réel et multimédia, en plus du trafic traditionnel de données best effort. Cependant, malgré toutes les améliorations apportées aux mécanismes d'accès de la couche MAC par ce nouveau standard, il reste incapable de garantir la QoS requise par les applications temps réel et multimédia comme la voix et la vidéo. Aujourd'hui, ce standard seul ne peut pas constituer une plateforme rigide pour ce type d'applications. En effet, quand un réseau WLAN n'est pas saturé, la différentiation de service fonctionne correctement et offre au trafic multimédia l'opportunité d'être servis avec un bon niveau de QoS. Cependant, le problème apparait une fois que le réseau commence à atteindre une situation de charge élevée. Dans cette situation, tous les types de trafic souffrent d'un taux de collision important, d'un grand nombre de retransmissions, de délais d'accès très grands et d'un déficit de bande passante. Ceci résulte en des dégradations importantes de la QoS perçue par les applications multimédia, comme on va le démontrer par des tests de simulation au chapitre cinq.
En plus des études par simulations qui ont été réalisées pour l'évaluation de performances d'EDCA et HCCA. On cite ici à titre d'exemple [20], [21], [22], [23] et [24]. La capacité du 802.11 e à supporter la QoS des applications temps réel et multimédia a été évaluée dans

plusieurs travaux comme [36],[39],[41-49],[51-64], [69],[71], [72],[75],[76],[81],[82], [88], [90], [92]. Le comportement du protocole dans les différentes conditions de trafic et pour les différents besoins des applications a été également investigué. Les résultats ont montré qu'EDCA et HCCA permettent d'obtenir la différentiation de service et sont plus efficaces que DCF et PCF. Mais en présence de plusieurs trafics menant à une augmentation de la charge (c.à.d. dans le cas de saturation), EDCA et HCCA atteignent très rapidement leurs limitations pour le support des applications temps réel.
Pour pallier ces limitations, des propositions d'amélioration de performances d'EDCA et HCCA sont apparues dans la littérature. Dans la sous section qui suit, nous allons discuter quelques unes de ces améliorations.

2.7.2. Limitations des méthodes d'amélioration des performances du 802.11 e

Comme dans 802.11, les efforts de la communauté de recherche pour l'amélioration du niveau de QoS dans 802.11e n'ont pas cessé. On assiste toujours à des nouvelles propositions dans le but d'adapter les WLANs aux besoins des applications multimédia.
Parmi ces propositions nous pouvons citer : [25], [26], [27], [28], [29], [30], [31], [32] et [33].
Ces solutions peuvent également être classées en deux catégories : la première pour les solutions de changement complet de l'architecture de la couche MAC du 802.11 et la deuxième pour l'amélioration des performances de la couche MAC actuelle du 802.11e.
Pour la première catégorie, une alternative à EDCA, qui consiste a utiliser deux files d'attente, pour différentier les flux temps réel (comme la voix sur IP) et les flux non temps réel, avec un contrôle d'admission pour les flux non temps réel apparait dans [27], [28]. Dans [31], on trouve de nouveau la proposition d'utilisation d'une nouvelle architecture de la couche MAC utilisant une variante de TDMA (Time Division Multiple Access). Le but est de minimiser le temps utilisé pour les messages de contrôle par l'utilisation des acquittements multiples. Egalement, [32] contient une proposition d'allocation distribuée de slots de temps, Distributed end-to-end Allocation of time slots for Real-time traffic (DARE). Et finalement, dans [33], un nouveau protocole MAC est aussi proposé pour assurer la QoS pour les applications VoIP dans les WLANs. La solution cherche à minimiser les collisions et améliorer la qualité des communications voix. Les simulations de [33] montrent que le protocole propose augmente le nombre d'appels VoIP pouvant être servis par le réseau par rapport à EDCA.

Pour les solutions d'amélioration de performances, les auteurs de [25] proposent une méthode d'ajustement lente de la fenêtre de contention après chaque transmission au lieu de la remettre à sa valeur minimale. Ce changement est fonction des conditions du réseau et de la classe de trafic, il permet une meilleure différentiation de services et une diminution de
latences/gigues des applications Audio/vidéo. Dans [26], les auteurs proposent une solution qui consiste à augmenter CW quand le canal est occupé, et à finaliser la procédure de backof plus rapidement lorsque le canal est libre. Une limite de backof est spécifiée pour chaque priorité en fonction des conditions de trafic. Les auteurs de [29] proposent de changer les paramètres EDCA en se basant sur le type de trafic et sur son sens (montant, descendant) afin d'augmenter la performance en termes d'équité et de débit. Et pour finir, dans [30], il est proposé de donner

encore plus de priorité au point d'accès par rapport aux autres stations pour améliorer la capacité du réseau.

L'analyse de ces différentes solutions nous permet de dresser les deux conclusions suivantes :

1) Les solutions d'amélioration de performance peuvent apporter des bénéfices en termes d'augmentation de la capacité du réseau et d'amélioration du niveau de différentiation entre les différentes classes de trafic. Cependant, elles ne permettent toujours pas de fournir une garantie de QoS aux applications multimédia surtout dans les conditions de saturation. Elles ne font donc que repousser le problème.
2) Les solutions qui consistent à changer complètement l'architecture de la couche MAC et à utiliser d'autres mécanismes d'accès basés sur la distribution temporelle des slots ne peuvent pas être la solution à ce type de réseau dans lequel plusieurs types d'applications ayant différentes contraintes de QoS cohabitent.

Nous sommes donc bien convaincus que les avantages de la différentiation dans 802.11 e peuvent bien être la clé vers un réseau sans fil avec QoS. Cependant, il faut chercher la solution pour les problèmes de dégradation de la QoS dans les conditions de saturation. La solution évidente consiste à empêcher le réseau d'entrer dans cette situation par un mécanisme de contrôle d'admission efficace. Celui-ci doit par ailleurs permettre de maximiser l'utilisation des ressources réseau disponibles. Le groupe de travail E de l'IEEE a bien pris en considération cette éventualité et a proposé une base pour ce mécanisme de contrôle d'admission comme nous le présenterons dans le chapitre suivant.

2.8. Conclusion

Les réseaux locaux sans fil sont une alternative sérieuse aux réseaux locaux entièrement filaires. Cependant, ceci ne peut être réalisé qu'après la résolution d'un ensemble de problèmes inhérents à ces environnements.

Parmi ces problèmes, nous pouvons citer ceux liés à la QoS et au support des applications temps réel et multimédia par ce type de réseau. Comme nous l'avons souligné ci-dessus, un ensemble important d'activités de recherches ont été réalisées dans ce sens.

Ainsi, les réseaux locaux sans fil sont passés de réseaux capables d'acheminer uniquement des données best effort à des réseaux à différentiation de services capables de supporter des flux qui nécessitent une QoS.

Le mécanisme de base DCF dans 802.11 a été remplacé par EDCA dans 802.11e, et PCF par HCCA, ces derniers ont introduit un certain degré de différentiation entre les différents types de trafic.

Cependant, malgré les apports du 802.11e, les architectures de QoS qu'il implémente n'ont pas encore atteint une maturité suffisante pour garantir une QoS de façon fiable. Il est donc nécessaire de proposer un algorithme de contrôle d'admission efficace pour 802.11 e. Celui-ci doit être basé sur une bonne prédiction des capacités du réseau, une bonne prédiction des débits atteignables et des délais d'accès, ainsi que sur la prise en compte des spécifications de QoS pour les différents types de trafic. Dans le chapitre suivant, nous allons présenté quelques travaux de recherche sur le contrôle d'admission, qui vont nous servir de base pour faire des extensions, et aboutir à notre proposition d'un algorithme de contrôle d'admission qui garantit la QoS des applications multimédia tout en exploitant au maximum la capacité du réseau.

CHAPITRE 3 Les Algorithmes de Contrôle d'Admission

3.1. Introduction

La nécessité d'un contrôle d'admission efficace est évidente, puisque comme nous l'avons souligné dans le chapitre deux, le mécanisme d'accès basé sur la contention EDCA, ainsi d'ailleurs que pour le protocole HCCA sans contention (mais seulement pour le trafic à débit variable VBR, comme on va le démontrer dans le chapitre suivant) peut être sujet à des dégradations sévères de QoS, lorsque les conditions de saturation de la bande passante sont atteintes. Dans ces conditions, plus les fenêtres de contention deviennent larges, plus de temps est perdu dans les collisions et dans les procédures de backoff que dans la transmission effective des données. Ces mécanismes de contrôle d'admission (CAC) s'assurent également que le trafic non encore autorisé puise dans les ressources du réseau, détruisant la qualité du trafic admis.
Dans ce chapitre, nous allons passer en revue quelques algorithmes de contrôle d'admission présents dans la littérature, en particulier deux algorithmes qui sont le « Reference scheme » proposé par le groupe de travail 802.11 e [5] et le Fair Hybrid Coordination Function (FHCF) [142], dans le but d'étendre le premier et utiliser le deuxième, avec HCCA comme base de comparaison. Nous allons aussi présenter notre proposition d'un algorithme de contrôle d'admission qui garantit la QoS des applications multimédia tout en exploitant au maximum la capacité du réseau. Les caractéristiques de notre algorithme sont la dynamique, la flexibilité de l'algorithme, qui s'adapte aux situations du BSS, comme la charge globale, le nombre de flux best effort, et la position de la QSTA par rapport au QAP, paramètres qui n'ont jamais été pris communément dans un algorithme, mais séparément dans différentes solutions.

3.2 Introduction sur les algorithmes de contrôle d'admission (CAC)

Dans le standard 802.11e, un mécanisme de contrôle d'admission de base a été spécifié pour réguler la quantité de données en circulation sur le médium, un protocole CAC pour EDCA et un autre pour HCCA. Le contrôle d'admission doit être supporté par le QAP mais il est optionnel dans les QSTAs. Le point d'accès peut indiquer aux stations qu'il exige le support du contrôle d'admission pour une AC particulière et qu'il nécessite de leur part une demande de permissions d'accès si elles désirent utiliser une AC bien spécifiée. Si la QSTA ne supporte pas cette procédure, elle doit utiliser les paramètres de l'AC de priorité inférieure pour laquelle le contrôle d'admission n'est pas exigé.
Le QAP utilise pour chacune des ACs les bits ACM du Parameter Set element comme nous l'avons déjà expliqué dans la section 2.3.1 du deuxième chapitre, pour indiquer si le contrôle d'admission est demandé. Une requête ADDTS Request (ADD Trafic Stream Request) doit être transmise de la station au QAP pour demander l'admission d'un trafic utilisant l'AC pour laquelle le contrôle d'admission est exigé. Le contrôle d'admission est négocié par l'utilisation des spécifications du trafic (Traffic SPECification ou TSPEC). La station spécifie les besoins de

son trafic en termes de débit, des bornes limites de délais, de la taille des trames, et d'autres caractéristiques du flux (la liste complète des informations apparait dans la Figure 3.1). La QSTA demande au QAP le contrôle d'amission en mettant ses besoins dans le TSPEC de la trame ADDTS Request. Le QAP doit répondre à toute trame de type ADDTS Request par une trame de type ADDTS Response en spécifiant s'il accepte ou rejette la requête. L'algorithme utilisé par le QAP pour prendre la décision est un algorithme local non spécifié par le standard et il est laissé à la libre implémentation des vendeurs.
La station peut choisir à n'importe quel moment de mettre fin à sa réservation. Elle transmet alors une trame DELTS (Delete Traffic Stream) spécifiant l'identificateur du trafic et la TSPEC au QAP.

Element ID (13)	Length (55)	TS Inf o	Nominal MSDU Size	Maximum MSDU Size	Minimum Service interval	Maximum Service interval	Inactivity Interval	Suspension Interval
Octets: 1	1	3	2	2	4	4	4	4

Service Start Time	Minimum Data rate	Mean Data Rate	Peak Data Rate	Burst Size	Delay Bound	Minimum PHY Rate	Surplus Bandwidth Allowance	Medium Time
Octets: 1	4	4	4	4	4	4	2	2

Figure 3.1: TSPEC information Element

En fait, il y a trois approches principales pour le contrôle d'admission dans le réseau 802.11e : le contrôle d'admission basé sur les mesures des métriques, celui basé sur un modèle mathématique et une approche hybride. La première approche emploie les mesures de certains paramètres du réseau, pour décider si un flux est accepté, donc autorisé et la seconde applique un modèle mathématique analytique pour déterminer si des flux seront admis ou pas. En particulier la norme IEEE 802.11e a proposé un algorithme de contrôle d'admission appelé DAC (Distributed Admission Control), très simple, qui n'a pas été adopté. Les solutions qu'on va résumer dans ce chapitre, continuent d'avoir quelques inconvénients. Dans ce contexte, nous proposons dans ce chapitre une nouvelle solution. En particulier, beaucoup de mécanismes de contrôle d'admission proposés, supposent que les ressources sont statiquement allouées, impliquant une grande perte de ressources non utilisées. Pour éviter cette faiblesse, notre algorithme de contrôle d'admission vise à partager dynamiquement les ressources entre les différentes classes de trafic.

3.3 Les algorithmes de contrôle d'admission pour les réseaux 802.11e

L'étude de l'état de l'art dans ce domaine montre une variété de méthodes adoptées par différents chercheurs et qui se caractérisent par différents niveaux de complexité et degrés d'efficacité. Ces méthodes peuvent être centralisées ou le contrôle d'admission s'effectue au niveau du point d'accès, ils peuvent également être distribués [93], [96], [97], [98], [99], [100] ou le contrôle d'admission se fait au niveau de chaque station. Ces derniers sont utiles pour la maitrise de la QoS des réseaux ad-hoc multi-sauts en mobilité. Notre étude s'inscrit dans le cadre de réseaux gérés par le point d'accès ou toutes les stations sont à un seul saut, c'est pour cela que nous nous concentrons plus particulièrement sur les mécanismes de contrôle d'admission centralisés.
Dans ce domaine, on trouve des propositions pour HCCA et pour EDCA. Cependant, les travaux de recherche qui concernent le contrôle d'admission dans HCCA [101], [102], [173] restent très peu nombreux par rapports à ceux d'EDCA. Ceci est principalement dû à la conception centralisé de HCCA, qui aboutit plus facilement à un contrôle d'admission de nature déterministe. Donc, en termes de recherche, le contrôle d'admission dans HCCA ne constitue pas un défi complexe comme ceci peut être le cas pour EDCA. De plus, le mécanisme d'accès distribué d'EDCA est beaucoup plus populaire dans la pratique que le mécanisme d'accès centralisé d'HCCA. C'est d'ailleurs pour cela que la majorité des travaux sur la QoS dans les réseaux sans fil de type 802.11 s'intéressent plus à EDCA. Dans notre cas, on va s'intéresser aux deux, EDCA et HCCA.

Comme on l'a déjà dit, il y a trois catégories de solutions CAC :

1. Les Mécanismes basés sur les mesures : Dans cette catégorie, le point d'accès effectue continuellement les mesures des métriques de performances sur lesquelles il s'appuie dans sa décision.
2. Les Mécanismes basés sur les modèles analytiques : Dans cette catégorie, le point d'accès s'appuie sur les calculs numériques pour prédire les métriques de performance avant de décider.
3. Les Mécanismes hybrides, basés sur un modèle analytique et des mesures : Dans cette dernière catégorie, le point d'accès effectue en continu des mesures de certaines variables et les utilise dans le modèle analytique pour pouvoir prédire les performances et prendre sa décision.

3.3.1 Mécanismes basés sur les mesures

C'est avec les mécanismes de contrôle d'admission basés sur les mesures qu'ont débuté les premières solutions vers une maitrise de la QoS dans les réseaux sans fil de type 802.11.
Ceci est dû au fait que les modèles analytiques du protocole n'avaient pas encore atteint une maturité suffisante.

1. **Grag et al. [103],** ont proposé un contrôle d'admission basé sur l'estimation de l'utilisation du canal (CUE : Channel Utilization Estimate). La CUE d'un flux donné est égal à la fraction de temps dans une seconde utilisée pour transmettre ce flux sur le canal. La CUETotale est la somme des CUEs de tous les flux y compris les flux auxiliaires. Un nouveau flux ne peut être accepté que si sa CUE calculée est inférieure à (1-CUETotale). Il est à noter que dans cette

solution, les auteurs font beaucoup d'approximations. Ainsi, par exemple, la CUE des collisions est toujours considérée comme fixe et égale à 0.15.

2. **Gu et Zhang dans [104]** proposent deux méthodes de contrôle d'admission simples basées sur les mesures, la première est basée sur le taux d'occupation du canal (par mesure du NAV), et l'autre est basée sur le taux de collision (par mesure du nombre de retransmissions). Le contrôle d'admission compare les valeurs mesurées à des valeurs limites Inférieure et supérieure pour décider à chaque intervalle de mesure (T) si on doit ajouter un nouveau flux de haute priorité ou supprimer un flux actif de faible priorité ou si on ne prend aucune action. Cette méthode est facile à implémenter, cependant elle possède plusieurs limitations. Premièrement, la spécification des valeurs limites inférieure et supérieure sur lesquelles la décision est basée, n'est pas proposée (choix empirique). Deuxièmement, cette méthode ne garantit pas la QoS instantanée car l'admission et le rejet ne se font pas à l'arrivée d'un nouveau flux, mais à chaque intervalle de mesure (ajout ou suppression), finalement, la solution ne spécifie pas quel flux d'une AC faut-il ajouter ou supprimer quand il y a plusieurs flux actifs issus de cette AC.

3. **Dans [108], les auteurs** proposent une méthode de réservation du canal par le biais de
TXOPLimit. Ce paramètre s'adapte dynamiquement en fonction du taux d'arrivée du flux et de sa priorité. La méthode de calcul est distribuée et elle est inspirée du processus de calcul des TXOP dans HCCA. Pour AC3, TXOPLimit est choisi de façon à transmettre tout ce qui est dans la file d'attente. Pour AC2, il est choisi de façon à transmettre les trames qui sont arrivées pendant la dernière transmission. Pour AC0 et AC1, il est choisi de façon à transmettre une seule trame. Le mécanisme suppose qu'il n'y a pas de collision lors du calcul du temps nécessaire pour transmettre les données pendant TXOPLimit. Il suppose que chaque station observe le temps d'occupation du canal et le temps de suspension du compteur de backof pendant une période de contrôle donnée T. Les valeurs mesurées sont redressées avec les anciennes valeurs en utilisant la méthode EWMA9. La période de contrôle choisie est égale au temps de transmission d'un burst de données. Ce mécanisme d'adaptation est étendu par un mécanisme de contrôle d'admission au niveau de chaque station. Ce dernier, calcule pour chaque flux appartenant à chaque AC le nombre de trames pouvant être transmises durant la période de contrôle suivante en se basant sur les observations précédentes. Si ce nombre est inférieur au taux d'arrivée, le flux est rejeté, dans le cas contraire il sera accepté. Le critère de contrôle d'admission est donc ici le temps d'occupation du canal.

4. **Dans [109],** on trouve un contrôle d'admission pour la voix sur IP intégré avec SIP (Session Initiation Protocol) ou la décision d'admission ou de rejet est basé sur le calcul du temps d'occupation de medium (MediumTime).

5. **Dans [110],** le contrôle d'admission proposé est basé également sur le temps d'occupation du canal (MediumTime). Il est divisé en deux phases ; une au niveau du QSTA basée sur le calcul d'une variable nommée AAC (Available Admission Capacity) et une autre phase d'admission au niveau du QAP basée sur les spécifications du flux qui demande l'accès et sur le calcul de la capacité du réseau

6. **Dans [111],** le même concept de contrôle d'admission basé sur le taux d'utilisation du canal (NUC :Network Utilization Characteristic) est utilisé. Ce travail constitue une extension de la méthode de calcul du NUC dans DCF [103], pour 802.11e EDCA.

7. Distributed Admission Control (DAC)[5]

A été proposé par 802.11e, pour protéger les crédits de QoS des flux déjà admis et autorisés, bien que non soutenu par le dernier draft, c'est un bon commencement pour étudier les algorithmes de contrôle d'admission. Dans la trame balise, le QAP annonce le budget (temps additionnel assigné à chaque AC pour le prochain intervalle de la trame balise) pour chaque AC et chaque station. Alors la station vérifie le statut de ses AC et si un AC a épuisé son budget, aucun nouveau trafic appartenant à cet AC ne sera admis et les autres flux de cet AC n'auront pas le droit d'augmenter leur temps de transmission. Cet algorithme est très simple et n'est pas efficace pour garantir la QoS des flux admis.

8. Two Level Protections and Guarantee Mechanism [106]

Il est basé sur DAC, mais avec deux niveaux additionnels de protection. Le premier niveau de protection a pour but de protéger le flux de type voix et vidéo, des nouveaux flux voix et vidéo et le second niveau les protège des flux « best effort » (par l'augmentation de CWmin et (Arbitrary IFS) AIFS de la classe « best effort »), particulièrement quand le nombre de stations actives est significatif, ainsi nous pouvons diminuer le nombre de collisions entre le flux « best effort » et les flux nécessitant de la QoS. Cet algorithme est intéressant du point de vue garanti de la QoS, mais le débit du réseau tend à être non optimal.
Ceci est fait par l'intermédiaire d'un algorithme qui effectue à chaque intervalle de balise les mesures des temps d'utilisation du canal et calcule le budget TXOP à utiliser dans l'intervalle de balise suivant.

9. Virtual MAC and Virtual Source [153]

L'idée fondamentale de cet algorithme est de tourner les applications d'une manière virtuelle, à l'intérieur d'une sous couche virtuelle pour simuler les résultats qu'on obtiendrait dans le cas ou les applications sont acceptées réellement, et les conditions virtuelles du réseau après l'acceptation de cette nouvelle application. Si les résultats sont convaincants, nous acceptons cette nouvelle application et nous la traitons vraiment. Sinon, elle est rejetée. La méthode est si compliquée et la perte de temps dans les exécutions virtuelles sont telles que cette méthode n'a pas été plébiscité.

10. Threshold Based Admission Control [122], [157]

Dans cet algorithme, chaque QSTA doit mesurer les conditions du canal et ainsi, faire son contrôle d'admission de deux façons :

- En employant l'occupation relative de la largeur de bande du canal et les seuils élevés et bas du taux d'occupation du canal. Si le taux d'occupation est bas ou égal au seuil élevé, alors tout nouveau flux sera admis, sinon il est refusé
- En employant la moyenne du nombre de collisions et les seuils du nombre de collisions, bas et élevé

11. HARMONICA [105]

Le QAP demande régulièrement au module indicateur de la qualité de la couche deux d'OSI LQI (Link Layer Quality Indicator) l'état des paramètres de QoS comme le taux de perte, le temps de transmission de bout en bout des flux pour chaque classe du trafic. Deux algorithmes d'adaptation, travaillant en deux temps sont utilisés pour calculer les paramètres de sélection du canal (AIFS and CWmin and CWmax), qui vont satisfaire au mieux les exigences du flux, en termes de QoS autant que possible, et nécessaire à chaque classe, en se basant sur le niveau courant de charge du réseau. Quant un nouveau flux temps-réel, nécessite une admission, le premier algorithme choisira une classe, qui répondra aux critères d'exigences de la QoS nécessaire, aussi bien que possible et emploiera ensuite l'algorithme de contrôle d'admission, qui en se basant sur l'état courant de la bande passante, et leur besoin, décidera d'accepter ou de refuser le flux. L'idée innovatrice dans cet algorithme consiste à vérifier s'il est possible de prendre de la bande passante aux flux « best effort » en leur gardant un débit minimal, pour satisfaire les nouveaux flux QoS.

12. Voice and Video Transmission with Global data parameter Control [107], [159]

Cet algorithme contrôle dynamiquement les paramètres des flux "best effort" (AIFS, CWmin and CWmax en les augmentant) pour protéger la voix et la vidéo des collisions, qu'ils peuvent causer, en tenant en compte du statut du canal. Cet algorithme est centralement aidé par le QAP, qui va aider les QSTA à prendre les bonnes décisions, en fournissant les informations sur l'état du canal. Plusieurs transmissions de données (data) peuvent causer des dégradations des performances des flux temps-réel, en créant des collisions. Mais si le nombre de transmissions des data chute trop, le taux d'utilisation du canal tombe aussi, même si ça permet aux flux de type voix et vidéo d'être moins vulnérable.

Le Tableau 3.1 récapitule les propriétés des mécanismes de contrôle d'admission discutés ci-dessus. Nous traçons ce tableau pour montrer le critère de QoS utilisé dans chacun de ces mécanismes de contrôle d'admission et s'ils introduisent le concept d'adaptation des paramètres d'accès ou pas. Nous remarquons que la majorité des mécanismes ci-dessus présentés effectuent des mesures sur les conditions d'occupation du canal (temps d'utilisation pour les transmissions ou temps d'occupation global). La décision est prise après comparaison de la capacité résiduelle par rapport au temps d'occupation estimé nécessaire au nouveau flux. Ceci veut évidemment dire que ces mécanismes sont incapables d'effectuer le contrôle d'admission en se basant sur des métriques de QoS comme la bande passante requise et le délai toléré. En effet, utiliser le temps

d'occupation du canal ne permet pas toujours de garantir une QoS exprimée en termes de métriques de performance. Pour l'adaptation des paramètres EDCA, certains de ces mécanismes proposent des méthodes d'adaptation d'un ou de plusieurs paramètres et d'autres non.
Celles-ci restent également simplistes.

Mécanisme	Avantages	Désavantages
[103]	1 Estimation d'utilisation du canal 2.simplicité	1.pas d'adaptation des paramètres de différentiation des flux
[104]	1- estimation du Taux de collision 2- et du Taux d'occupation du canal	1.pas d'adaption des paramètres de différentiation des flux
[108]	1. estimation du Temps de transmission sur le canal 2.adaptation du TXOPLimit	1.manque d'exactitude
[109]	1. estimation du Temps d'occupation de medium.	1.pas d'adaptation des paramètres de différentiation des flux
[110]	1.estimation du Temps d'occupation de medium.	1.pas d'adaptation des paramètres de différentiation des flux
[111]	1.estimation du Temps d'occupation de medium.	1.pas d'adaptation des paramètres de différentiation des flux
[5]	1.simplicité 2.protection de la QoS des flux déjà admis	1.manque d'efficacité 2.pas d'adaptation des paramètres de différentiation des flux 3.sous utilisation des ressources du réseau
[106]	1.nombre de collisions petit 2.protection de la QoS des flux déjà admis 3.une certaine dynamique dans l'allocation des ressources 4.estima du Temps de transmission sur le canal 5.adaptation de CW et AIFS pour BE, TXOP pour AC_VO et AC_VI	1.sous utilisation des ressources du réseau 2.famine des flux « best effort » quant un flux audio ou vidéo a besoin d'être admis
[153]	1.protection de la QoS des flux déjà admis	1.trop compliqué 2.traitement trop lent
[122,157]	1.utilisation de deux paramètres pour l'accepta ou le refus des flux : nombre de collisions et charge du réseau	1.pas d'adaptation des paramètres de différentiation des flux 2.manque d'efficacité 3.non prise en compte des flux VBR
[105]	1.utilisation de AIFS, CWmin et max pour l'accepta ou le refus des flux :	.pas d'adaptation des paramètres de différentiation des flux 2.manque d'efficacité 3.non prise en compte des flux VBR
[107, 159]	1.dynamique, en changeant les paramètres AIFS, CWmin et max des flux "best effort" selon la charge du réseau	1.centralisation des infos dans le QAP, qui doit les fournir aux QSTA 2.baisse du taux d'occupation du canal

Tableau 3.1 : Comparaison des mécanismes de contrôle d'admission basés sur les mesures

3.3.2 Mécanismes basés sur les modèles analytiques

Les mécanismes de contrôle d'admission basés sur les modèles analytiques ont commencé à apparaitre quelque temps après la publication des modèles analytiques pour 802.11. La majorité de ces mécanismes ont été proposés dans les trois dernières années. Leur limitation essentielle ne réside pas dans le contrôle d'admission lui-même, mais dans le modèle analytique sur lequel ils se basent.

1. **Dans [112],** le contrôle d'admission proposé est basé sur un modèle analytique à valeurs moyennes limitée par les conditions de saturation non complètement valide et souffrant d'un ensemble d'estimations non justifiées. Par exemple, le paramètre de différentiation AIFS a été introduit dans le modèle comme s'il était inclut dans les slots de backoff, ce qui signifie une mauvaise modélisation de la procédure AIFS ainsi que de la procédure de backoff. Ces approximations ont été prises pour simplifier au maximum le modèle et le contrôle d'admission associé. Les critères de QoS étaient le débit atteignable et le délai d'accès.

2. **Dans [165],** le contrôle d'admission proposé est basé sur un modèle analytique utilisant les chaines de Markov, fonctionnant dans les deux conditions de saturation et de non saturation non complètement valide et souffrant d'un ensemble d'estimations non justifiées. Ces approximations ont été prises pour simplifier au maximum le modèle et le contrôle d'admission associé Il suppose avoir un environnement physique idéal ou il n'y a ni erreurs physiques sur le canal, ni le problème de la station cachée. Ceci veut dire que toute erreur de transmission est le résultat d'une collision. Les critères de QoS étaient le débit atteignable et le délai d'accès.

3. **Dans [113],** le contrôle d'admission proposé utilise un modèle analytique inspiré de celui de Bianchi pour le calcul du délai d'accès dans le cas de non-saturation. Le but du contrôle d'admission est de garder le réseau toujours dans la région de non-saturation. Les critères d'admission ou de rejet sont le délai d'accès et le taux d'utilisation du canal. Ce dernier est calculé en fonction du taux d'arrivée des paquets et du temps de transmission d'une trame.
Les auteurs de [113] affirment que leur modèle surestime le délai d'accès, ils disent que ceci donne la borne supérieure du délai et par suite le contrôle d'admission effectue ses décisions tout en restant dans une certaine marge de sécurité, cette marge de sécurité permet de s'assurer que le réseau est encore loin de l'état de saturation. Par contre, cette surestimation de délais entraine des rejets des nouveaux flux alors que le réseau pourrait être susceptible de servir ceux-ci. Ceci peut donc mener à une utilisation inefficace des ressources.

4. **Zhu et al. [114]**, ont proposé un mécanisme de contrôle d'admission qui se base sur le débit atteignable et le délai d'accès comme critères de décision en utilisant un modèle analytique basé sur une chaine de Markov. Le modèle utilisé est limité aux conditions de saturation, et il souffre de plusieurs approximations (pas de différentiation par AIFS, pas de limite de retransmission, pas de collision virtuelle...). Cependant, ce modèle possède deux avantages :

premièrement il essaie d'introduire l'effet de TXOPLimit en considérant un nombre de trames transmis pendant TXOPLimit égal à un certain nombre ki pour chaque AC.
Toutefois aucune relation n'est donnée entre ce nombre ki et la valeur de TXOPLimit. Du fait de la considération de nombre ki dans le modèle, l'adaptation du nombre de trames pouvant être transmis à chaque accès est introduit dans le contrôle d'admission. L'idée de cette adaptation est simple. Tant que le débit atteignable est inferieur à celui requis, on augmente le nombre de trames puis on recalcule le débit atteignable. Une fois que ce dernier atteint le débit désiré, on revérifie que le délai d'accès est acceptable et on admet. Si on n'arrive pas à atteindre cette situation, on rejette. Deuxièmement, le modèle introduit l'effet des erreurs sur le canal par l'addition de la probabilité d'échec de transmission suite à une erreur, à la probabilité de collision. Encore une fois, cette probabilité d'erreur sur le canal est supposée donnée et fixe et aucun calcul de cette probabilité n'est fourni.

5. **Dans [115],** les auteurs se basent sur le modèle [50] qui n'est pas limité aux conditions de saturation. La métrique de performance utilisée dans de contrôle d'admission est le délai. En fait, les auteurs affirment qu'un contrôle d'admission basé sur le délai est mieux que celui basé sur le débit atteignable. C'est que le besoin de débit arrive après le besoin des délais faibles. Les délais atteignent de grandes valeurs avant que le débit atteint la limite de saturation. Cette supposition est plus ou moins correcte, car ceci dépend de beaucoup de facteurs : nature du trafic, configuration des paramètres EDCA, HCCA et exigences de QoS des applications actives. Le but du contrôle d'admission proposé est d'éviter de faire entrer le système dans l'état de saturation. Ainsi, il est divisé en deux phases : dans la première phase, le point d'accès donne une décision préliminaire, puis dans la deuxième phase, il effectue la surveillance du réseau pour s'assurer que l'introduction du nouveau flux ne conduit pas le système à un état de saturation. La durée de la deuxième phase de surveillance est fixée à 30 périodes de balise. Cette acceptation temporaire d'un flux après la première phase, puis son rejet possible dans la deuxième phase s'il ne répond pas aux exigences demandées, est également considérée comme un inconvénient majeur du contrôle d'admission proposé. En effet, il n'y a aucune manière d'arrêter un flux après que la phase de signalisation ne se soit terminée et que le flux soit admit dans le réseau. Par ailleurs, les auteurs ont laissé ce problème ouvert. De plus, dans ce contrôle d'admission, la décision est basée sur l'estimation de la probabilité de transmission sur le canal. Pour ne pas effectuer des mesures de cette probabilité et les introduire dans le modèle analytique pour le calcul du délai, les auteurs ont proposé de faire cette estimation numériquement en se basant sur les résultats d'une simulation déjà faite dans les mêmes conditions. A partir de cette simulation, des courbes de régression permettant de donner une formule polynomiale de cette probabilité en fonction de la charge totale est utilisée. Ceci représente la troisième limitation importante de ce contrôle d'admission car cette estimation numérique n'est valable que pour un cas particulier et des scénarios de fonctionnement bien définis. Ce qui n'est pas toujours le cas en pratique.

6. **Bellata dans ses travaux [116], [117], [118]** propose un contrôle d'admission dont le but essentiel est d'adapter les paramètres EDCA. Il se concentre alors sur la proposition de deux algorithmes de réglage de CW, AIFS et TXOPLimit (Itératif et temps réel) pour le support des besoins de la QoS pour les flux VoIP et BE. Ce processus d'adaptation et de contrôle d'admission est basé sur le modèle analytique proposé par l'auteur dans [119] et conçu de façon à être le plus simple possible pour achever rapidement la tâche d'adaptation. Le nombre important

de simplifications qui sont faites dans ce modèle pour qu'il soit facile à résoudre numériquement le rend très peu performant.

7. **Récemment, Oh et al. [120],** ont proposé un contrôle d'admission dont le but est d'adapter le paramètre CWmin pour améliorer la performance du contrôle d'admission dans le cas des applications dont la taille de paquets est faible comme la VoIP. L'auteur affirme que dans ce cas, CWmin est le facteur dominant qui affecte le délai et le débit et que les approches de modification de TXOPLimit sont performants seulement dans le cas ou la taille de paquets est supérieure à 1000 octets. Nous trouvons que cette affirmation n'est pas bien justifiée et n'est pas suffisamment correcte. En effet, l'adaptation de CWmin est l'un des aspects nécessaires pour les applications ayant des contraintes strictes en termes de délai comme la voix en général et la téléphonie en particulier. Cependant, pour les applications gourmandes en bande passante, c'est l'adaptation de TXOPLimit qui est nécessaire. Car, pour des applications ayant des tailles de paquets faibles et gourmandes en bande passante (comme la vidéo par exemple), il est nécessaire de fournir un TXOPLimit plus important que celui nécessaire aux flux ayant les mêmes besoins de bande passante mais possèdent des tailles de paquets grandes. Malgré son hypothèse de départ, l'auteur a utilisé une taille de paquets égale à 1500 octets pour valider son mécanisme de contrôle d'admission. Ce qui n'est pas du tout conforme avec l'hypothèse de départ. Un autre point faible dans le mécanisme proposé est qu'il est basé sur l'un des modèles analytiques de la littérature. Les auteurs ont cité quatre modèles analytiques de saturation sans spécifier lequel a été utilisé. De plus, deux de ces quatre modèles sont conçus pour DCF non pas pour EDCA. Ce qui laisse un flou sur le modèle utilisé dans la prédiction des métriques de performances. En ce qui concerne l'adaptation de CWmin, la méthode consiste à calculer tout d'abord des intervalles critiques de CWmin de toutes les stations en se basant sur leurs besoins de bande passante et de délai et sur les prédictions numériques des performances. Puis, choisir une station de référence pour calculer sa CWmin optimale dans son intervalle critique. Ensuite calculer les valeurs critiques de CWmin des autres stations en se basant sur la valeur optimale de référence. Si les valeurs critiques obtenues sont situées dans les intervalles critiques correspondants, la nouvelle station est acceptée et un message est diffusé à toutes les stations contenant les valeurs critiques des CWmin à utiliser. Le processus d'admission ou de rejet est basé donc sur ce calcul des valeurs critiques, qui à son tour dépend du choix de la station de référence. Aucune information n'est donnée sur comment choisir cette station de référence. Par ailleurs, l'influence de ce choix sur la décision du contrôle d'admission, et par la suite sur la méthode d'adaptation reste également un problème ouvert.

8. Markov Chain Model-Based Admission Control [139]

Dans cet algorithme, l'admission est basée sur la largeur de bande passante disponible, prédite pour chaque flux en employant le modèle des chaines de Markov. Le problème est que, les résultats analytiques obtenus ont été fondés sur des hypothèses parfois trop irréelles.

9. Contention Window Based Admission Control [156]

L'idée fondamentale de cet algorithme est d'ajuster les paramètres du backoff, CWmin et CWmax des QSTA. Quand une nouvelle QSTA n+1 veut rejoindre le réseau avec un flux ayant des besoins en QoS de Rn+1. En employant un modèle analytique, un module calcule les différentes fenêtres de contention des stations actives CW= CW1, CW2,....,CWn+1 et l'emploi pour calculer le débit nécessaire à tous les flux des différentes QSTAs. Si le débit disponible satisfait toutes les QSTAs, la nouvelle arrivante est acceptée, sinon elle est refusée.

10. Reference Scheme [5]

Cet algorithme a été développé par 802.11e, et est basé sur un simple ordonnanceur, qui emploie les paramètres TSPEC (débit moyen, taille moyenne des trames, temps inter-arrivée des trames et le débit maximum) pour classer les flux en entrée. Les flux en entrée passent par trois étapes:

- L'unité de contrôle d'admission (ACU) qui calcule le nombre de trames qui va arriver durant l'intervalle balise ou beacon;
- Après, il calcule le TXOPi nécessaire à chaque station i;
- Le flux est accepté si la somme de tout les TXOPi s'ajuste dans l'intervalle balise.

11. Physical Rate –Based Admission Control (PRBAC) [154]

Les algorithmes précédents sont basés sur un débit de transmission physique minimal, ce qui n'est pas toujours le cas dans la réalité, donc cette supposition affecte le taux d'utilisation du canal. Pour cela, l'algorithme PRBAC prend en compte les variations du taux de transmission des QSTA, selon leurs positions près ou loin du QAP et des caractéristiques du canal. La majorité des fabricants a intégré l'ajustement automatique du débit de transmission en accord avec le statut de canal. Ainsi, PRBAC emploie ce débit de transmission des QSTA, au lieu du taux minimum de transmission utilisé par l'algorithme de référence 802.11 e, tout en gardant le même principe de contrôle d'admission que l'algorithme de référence. On notera que cet algorithme acceptera plus de flux que les précédents, mais sera obligé de détruire des paquets, quand par exemple plusieurs QSTAs actives vont trop s'éloigner du QAP, dans ce cas-ci il est clair que les ressources ne suffiront plus pour garantir la QOS à toutes les stations. La destruction des paquets est faite d'une manière aléatoire et un paquet est détruit pour chacun flux, jusqu'à ce que le problème soit réglé.

12. Admission Control for VBR traffics [161]

Les deux algorithmes précédents considèrent le cas du trafic CBR (Constant Bit Rate), ce qui devient complètement inefficace pour un trafic VBR (Variable Bit Rate), qui peut avoir des pics de trafic durant son application. Les auteurs ont introduit une nouvelle variable effective appelée la TXOPe = Te pour remplacer le TXOP dans l'algorithme de référence. **Te** est défini comme étant le TXOP nécessaire et qui peut statistiquement garantir que la probabilité du taux de perte des paquets, soit inférieure à un seuil. Selon un taux désiré de perte, Te d'un nouveau flux VBR peut être dérivé. Cependant comment calculer ce Te n'a pas été clairement expliqué.

13. Fair HCF (FHCF) [142]

Dans cet algorithme, deux ordonnanceurs sont employés: un dans le QAP et l'autre dans la QSTA. Le premier emploie une fenêtre d'évaluation des erreurs faites précédemment pour chaque intervalle balise, pour adapter le calcul du nouveau TXOP pour chaque flux (TS) de chaque QSTA. Puis, la STA redistribue le temps non utilisé du tout sur ses TS, selon les besoins et les priorités de chacun, à travers son ordonnanceur, parce que le QAP assigne un TXOP total à chaque QSTA. Le QAP emploie la dernière information sur la taille des files d'attente envoyée par la QSTA pendant ses interrogations, pour estimer la taille des files d'attente pour la prochaine balise, et il la compare à une taille idéale, pour assigner le TXOP. En final, le QAP modifie ces TXOP en redistribuant le temps restant de la période CAP sur les différentes stations, en accord avec les variations examinées, expérimentées, testées, et remarquées.

Mécanisme	Avantages	Désavantages
[112]	1.utilisation du modèle des valeurs moyennes, 2.estimation du débit atteignable et délai	1.pas d'adaptation des paramètres de différentiation des flux 2.modèle limité à l'état de saturation
[165]	1.utilisation du modèle des chaines de Markov à 4 dimensions 2.estimation du délai d'accès et du débit atteignable	1.trop complexe 2.manque de précision 3.temps de réponse trop grand 4.pas d'ajustement des paramètres de différentiation des flux
[113]	1.utilisation du modèle de Bianchi modifié 2.estimation du délai d'accès et du taux d'activité du canal	1.modèle limité à l'état de non saturation 2.sous utilisation des ressources du réseau
[114]	1.utilisation du modèle de chaine de Markov 2.estima du délai d'accès et du débit atteignable 3.ajustement du nbre de trames par burst	1.modèle limité à l'état de saturation 2.manque de précision (trop d'approximations)
[115]	1.estimation du délai	1.modèle limité à l'état de non saturation 2.possibilité d'arrêter un flux admis, mais n'ont pas dit comment 3.pas d'adaptation des paramètres de différentiation des flux
[116, 117, 118]	1.utilisation du modèle des valeurs moyennes, 2.estimation du délai 3.adaptation de CW, AIFS et TXOPLimit	1.modèle limité à l'état de non saturation 2.manque de précision
[120]	1.modèle utilisé non spécifié 2.estimation du délai et du débit 3.adaptation de CWmin	1.modèle limité à l'état de saturation 2.manque de précision 3.trop grande complexité

Markov Chain Model-Based Admission Control [139]	1.simplicité 2.contrôle d'admission fait à partir de la charge du réseau	1.le modèle mathématique utilisé se base sur des suppositions, donc les résultats sont trop irréels 2.manque d'efficacité
Contention Window Based Admission Control [156]	1.dynamicité, car ajuste les paramètres CWmin et max des QSTA 2.estimation du débit nécessaire à chaque flux	1.trop compliqué 2.résultats imprécis, donc manque d'efficacité
Reference Scheme [5]	1.simplicité	1.non prise en compte des flux VBR 2.pas d'adaptation des paramètres de différentiation des flux
Physical Rate –Based Admission Control (PRBAC) [154],[162],[173]	1.simplicité 2.même principe que le précédent, sauf que le TXOP est dérivé du débit de transmission réel 3.efficacité quant au taux d'occupation du canal élevé	1.destruction aléatoire des paquets pendant la dégradation des performances du réseau lors de l'éloignement des QSTA 2.pas d'adaptation des paramètres de différentiation des flux. 3.modèle limité à l'état de saturation
Admission Control for VBR traffics [161]	1.adaptation des paramètres de différentiation des flux 2.prise en charge des flux VBR	1.la dérivation des TXOP en fonction de la probabilité de perte des paquets n'est pas bien explicitée
Fair HCF (FHCF) [142]	1.adaptation des paramètres de différentiation des flux 2.prise en charge des flux VBR	1.traitement lent

Tableau 3.2 : Comparaison des mécanismes de contrôle d'admission basés sur les modèles analytiques

Pour finir, le Tableau 3.2 récapitule les propriétés des travaux discutés ci-dessus. Nous remarquons que les métriques de QoS pris en compte pour le contrôle d'admission ne sont pas les mêmes que ceux utilisés par les mécanismes de contrôle d'admission basés sur les mesures. Les contrôles d'admission basés sur les modèles analytiques en saturation considèrent le débit atteignable et le délai d'accès comme critère de décision, alors que les contrôles d'admission avec modèle analytique en non-saturation s'intéressent plutôt au délai. Les mécanismes de contrôle d'admission basés sur un modèle analytique limité par les conditions de saturation ne sont pas efficaces car ils se basent sur les valeurs des métriques de QoS atteignables en saturation uniquement. Ces valeurs sont dans la majorité des situations assez loin des valeurs réalisables par le réseau. Pour les mécanismes de contrôle d'admission basés sur un modèle analytique dans les conditions de non-saturation, il n'est pas suffisant d'utiliser uniquement le délai d'accès comme critère de décision. Il est nécessaire que le mécanisme de contrôle d'admission soit capable de considérer les deux métriques de performance : le délai d'accès et le débit atteignable. Ainsi, il sera applicable à tous les types de flux ; ceux sensibles aux délais (voix) et ceux sensibles aux débits (vidéo).

3.3.3 Mécanismes hybrides basés sur les modèles analytiques et les mesures

Plus récemment, un certain nombre de recherches tentent de combiner les deux approches de contrôle d'admission. Ces travaux ont ainsi proposé des mécanismes de contrôle d'admission basés à la fois sur un modèle analytique ainsi que sur des mesures. Les mesures sont faites pour estimer les valeurs de certaines variables du modèle, valeurs qui à leur tour sont utilisées directement dans les équations de calcul du débit et du délai. Le but étant d'une part, d'annuler le temps de résolution du système d'équations du modèle analytique et d'autre part, de mettre à l' abri des erreurs liées aux approximations faites pour simplifier le modèle analytique qui peut mener à des estimations non réalistes.

1. **Pong et Moors [121]** se sont basés sur le modèle en conditions de saturation de Bianchi pour estimer le débit atteignable. Le modèle a été étendu pour pouvoir calculer la bande passante des flux ayant différents paramètres de différentiation des flux. De plus, le paramètre TXOPLimit est introduit dans le modèle par simple ajout de sa valeur sur le temps de transmission.
L'algorithme propose une adaptation des paramètres CW et TXOP. A chaque arrivée d'un nouveau flux, le taux de collision de ce flux est initialisé à celui des flux ayant le débit requis similaire à celui de ce dernier. Un calcul du débit atteignable de tous les flux (anciens et nouveau) aura lieu, pour chaque flux on compare le débit atteignable au débit demandé, s'il est inférieur on diminue CW ou on augmente TXOP, et on recalcule le débit atteignable de nouveau. Si les limites de CW et TXOP sont atteints et les besoins restent non satisfaits, le nouveau flux est rejeté et les paramètres de différentiation sont restaurés. Sinon, le flux est admis et les nouveaux paramètres seront distribués aux stations. Pour les mesures, chaque flux actif possède un compteur qui mesure le taux de collision, ce dernier est mesuré à chaque intervalle de mise à jour en utilisant une moyenne mobile exponentiellement pondérée (Exponential Weight Mean Average, EWMA) de paramètre alpha égal à 0.8. La probabilité de collision est donc estimée sur la base des flux en cours et elle ne tient pas en compte des caractéristiques du nouveau flux. Elle ne se base que sur les états actuels et passés du réseau.

2. **Bensaou et Kong dans [122**], ont également proposé un contrôle d'admission hybride. Le modèle analytique utilisé dans ce contrôle d'admission est valable dans le cas de non saturation. Cependant, ce modèle n'est pas l'extension du modèle que les auteurs ont déjà proposé pour EDCA dans les conditions de saturation [54], c'est une extension d'un modèle développé pour DCF combinée à une méthode d'homogénéisation des flux (Conversion des flux de différentes ACs en des flux homogènes par l'utilisation de la notion du nombre de station équivalentes en contention). En fait les auteurs ont choisi de sacrifier de la validité du modèle pour minimiser la complexité numérique. Toutefois, l'effet de cette méthode d'homogénéisation des flux sur la validité du modèle n'a pas été discuté, ceci ne permet pas de savoir à quel niveau elle reflète le comportement réel du 802.11 e. D'ou l'une des limitations du contrôle d'admission proposé. Le contrôle d'admission décide de l'admission ou du rejet en se basant sur le calcul

numérique du débit et du délai d'accès fourni par le modèle analytique. Ce dernier utilise les mesures effectuées par le point d'accès de la probabilité d'occupation du canal. A chaque intervalle de mise à jour, cette mesure est effectuée et la nouvelle valeur est le résultat d'une interpolation entre la dernière valeur et la nouvelle mesure pondérée par un paramètre alpha. Notons ici alors, que la décision du contrôle d'admission est toujours basée sur la dernier valeur mesurée de cette probabilité et non pas sur la valeur résultante
de l'insertion du nouveau flux dans le réseau, d'ou une deuxième limitation.

3. **Dans [123],** on trouve également un algorithme de contrôle d'admission hybride basé sur un modèle analytique développé dans les conditions de saturation et sur une mesure des conditions du médium (probabilité d'occupation du canal et probabilité de collision). Des directives ont été données pour effectuer ces mesures. Par exemple, c'est à la station de calculer la probabilité de collision et de la communiquer au point d'accès alors que la probabilité d'occupation du canal doit êtres estimée par le point d'accès par surveillance du canal. Pour prendre la décision, une prédiction des nouvelles valeurs de ces probabilités est faite en considérant que le flux est actif. Pour faire cette prédiction, deux équations qui représentent l'évolution de ces probabilités ont été utilisées. Dans ces équations, il est supposé que le nouveau flux introduit une seule collision par trame transmise, supposition qui n'est pas du tout justifiée. Par ailleurs, la métrique de contrôle d'admission utilisée est uniquement le débit atteignable. Or, nous avons vu précédemment que le métrique délai ne pourrait pas être ignoré, mais du fait que le contrôle d'admission est basé sur un modèle analytique en saturation, il ne peut pas considérer facilement le délai car ce dernier possède des valeurs importantes dans la région de saturation.
Le Tableau 3.3 récapitule les caractéristiques des trois mécanismes de contrôle d'admission discutés ci-dessus. Dans ce tableau, nous montrons pour chacun de ces mécanismes le modèle analytique utilisé, la variable mesurée, les critères de QoS utilisés et la prise en compte de l'adaptation des paramètres de différentiation des flux ou pas. Ce que nous remarquons ici est que deux de ces mécanismes sont limités par un modèle analytique supposant la saturation alors que le troisième est limité par sa méthode de modélisation qui n'est pas valide.

Mécanisme	Avantages	Désavantages
[121]	1.utilisation du modèle de Bianchi modifié 2.estimation du Taux de collision et Débit atteignable 3.ajustement de CW et TXOP	1.modèle limité à l'état de saturation
[122]	1.modèle utilisé basé sur DCF + homogénéisation des flux 2.estimation de la Probabilité d'occupation du canal, du débit et délai d'accès	1.modèle limité à l'état de non saturation 2.pas d'ajustement des paramètres de différentiation des flux
[123]	1.modèle des Chaines de Markov, 2.estimation de la Probabilité d'occupation du canal, de la probabilité de collision et du débit atteignable	1.modèle limité à l'état de saturation 2.pas d'ajustement des paramètres de différentiation des flux

Tableau 3.3 : Comparaison des mécanismes de contrôle d'admission hybrides

3.3.4 Autres mécanismes de contrôle d'admission

A part les travaux classifiés dans les trois catégories précédentes, l'auteur de [124] , [125] a effectué une analyse par simulation pour estimer le nombre de sources VoIP et vidéoconférence qui peuvent être admis dans 802.11e avec garantie de QoS. Les auteurs de [126] formulent le contrôle d'admission dans 802.11 e sous forme d'une théorie de jeu, avec deux joueurs ; le point d'accès (qui peut accepter ou refuser un flux) d'une part et la station mobile (qui peut décider de rester ou quitter un AP) d'autre part.
L'admission et le refus sont basés sur le calcul des revenus et des pertes qui peuvent résulter si un nouveau flux est accepté ou bien s'il veut quitter le réseau. Les auteurs utilisent des termes et des variables comme le taux de violation de la bande passante, le taux de satisfaction par l'utilisateur et le taux d'insatisfaction. La relation entre le taux de violation de la bande passante et le taux de satisfaction est fournie par des courbes de la fonction Sigmoide. Ces courbes sont paramétrées par alpha (sensibilité à la violation de la bande passante) et béta (tolérance à la violation de la bande passante). En fonction de ces paramètres, les profits des joueurs varient et par suite le nombre de stations admises varie. Nous avons mentionné ces deux travaux pour montrer l'importance du problème de gestion des ressources et du contrôle d'admission dans 802.11e. Ce qui a poussé les chercheurs à traiter le problème de plusieurs manières possibles [158], [163], [172].

3.3.5 Besoin de faire des ajustements des paramètres des flux

Le but ultime d'un contrôle d'admission est double : assurer que l'admission d'un nouveau flux dans un réseau à ressources limitées ne dégrade pas la QoS fournie par le réseau aux flux déjà admis et utiliser d'une façon optimale des ressources du réseau. Dans les contrôles d'admission proposés ci-dessus, la QSTA demande l'admission d'un nouveau flux en communiquant ses besoins de QoS a la QAP. Ce dernier étudie analytiquement la répercussion de l'admission de ce nouveau flux sur les besoins de QoS de tous les flux actifs et envoie la décision d'admission ou de rejet. Cette décision est bien évidemment basée sur la configuration actuelle des paramètres EDCA ou HCCA des flux. Et comme nous avons souligné dans les chapitres précédents, la sélection des paramètres des flux influe considérablement sur la performance globale du réseau. Pour une situation donnée, une configuration adaptée peut aboutir à l'utilisation optimale des ressources réseau alors qu'une mauvaise configuration peut être la cause de pertes de capacité et par suite de rejets de flux alors que les ressources radio sont susceptibles de prendre en considération ces flux.
Donc, pour améliorer la performance de notre contrôle d'admission (utiliser la capacité maximale du réseau et accepter le plus grand nombre possible de flux), il faut y intégrer un mécanisme d'optimisation des paramètres des flux, qui prend en compte la situation du réseau, les caractéristiques des flux actifs et leurs besoins en QoS.
Il est prévu dans 802.11e [5] que les paramètres des flux puissent être changés dynamiquement par le point d'accès et communiqués à toutes les stations par l'utilisation du « QoS parameter set element » comme nous l'avons expliqué dans le Chapitre 1. Donc, il suffit au point d'accès de trouver les valeurs optimales, puis les communiquer aux stations actives.

Ces dernières les utiliseront dans la prochaine contention au canal et le réseau aura un fonctionnement optimal.
La problématique essentielle réside dans la méthode d'optimisation. En effet, connaître les valeurs optimales des paramètres des flux pour une situation donnée est a priori un problème complexe à résoudre. Au mieux de notre connaissance, ce problème n'a pas pu être résolu à ce jour. On trouve des études d'ajustement et d'adaptation des paramètres des flux, dans le but d'améliorer les performances, des études d'optimisation simple-objectif qui cherchent a maximiser la capacité du réseau, mais on ne trouve pas d'études d'optimisation basées à la fois sur les contraintes de QoS des applications et couplées avec des mécanismes de contrôle d'admission. C'est l'un des défis à affronter vers la maitrise de la QoS des applications multimédia dans les réseaux sans fil de type 802.11.
Dans ce qui suit, nous allons exposer les travaux autour de l'adaptation des paramètres des flux.

3.2. Les travaux d'adaptation des paramètres des flux

Le problème d'adaptation des paramètres des flux a attiré l'attention des chercheurs [105], [106], [107], [108], [114], [120], [121], [129], [130], [131], [132], [133] suite à la publication des études qui ont montré l'influence de la configuration de ces paramètres sur la performance globale du réseau.

1. **Cali et al, [83], [134], a**vant même l'apparition de 802.11e, ont démontré par des simulations que pour certaines configurations, un réseau 802.11 peut opérer loin de sa capacité maximale et un simple ajustement de la fenêtre de contention pouvait déjà le rapprocher de cette capacité. Ils proposent alors une méthode distribuée qui permet à chaque station d'ajuster son CW dans le but de s'approcher de la limite maximale du débit atteignable.

2. **Dans [130],** les auteurs proposent une méthode d'adaptation des deux paramètres ; CWmin et TXOPLimit. La méthode proposée est basée sur de simples équations non justifiées. Dans ces équations, le facteur d'ajustement de CWmin de l'ACi est le rapport de son délai tolérable sur le délai tolérable de l'AC0. Pour sa part, le facteur d'ajustement de TXOPLimit de l'ACi est le produit du rapport de délai avec le rapport des bandes passantes requises de l'ACi et de l'AC0.

3. **Narbutt et Davis dans leur travail [131], [132],** ont effectué des tests expérimentaux sous le système Linux avec des pilotes MadWiFi [135] en utilisant à chaque test des valeurs différentes pour les paramètres des flux. Le but était de voir l'effet des différentes valeurs sur la performance de l'AC_VO quand elle coexiste avec l'AC_BK. C'est donc une étude expérimentale comparative de quelques configurations de paramètres des flux et ne constitue pas vraiment un processus d'adaptation ou d'ajustement de ces paramètres. Les résultats expérimentaux ont montré que le paramètre AIFS protège de manière plus efficace le trafic voix du trafic background que le paramètre CWmin, et que le changement du paramètre TXOPLimit n'améliore pas la qualité de la transmission de la voix.

4. **Dans [133],** On retrouve également une simple étude comparative par simulation pour voir l'effet de TXOPLimit sur la performance globale. Dans l'ensemble des simulations, les

auteurs augmentent le nombre de trames transmises pendant l'accès au canal pour toutes les ACs de la même façon pour voir l'influence de cette augmentation sur la performance globale. Ceci veut dire que l'étude est faite sans différentiation par TXOPLimit.

Les études d'adaptation des paramètres des flux citées ci-dessus ont été réalisées pour l'amélioration des performances globales. Elles ne sont pas intégrées à des mécanismes de contrôle d'admission. Par contre, comme nous avons noté durant notre analyse des travaux existants sur le contrôle d'admission présentée au début de ce chapitre, qu'un ensemble de ces travaux proposent l'adaptation conjointe des paramètres des flux avec le contrôle d'admission. Par exemple, dans [120], c'est une adaptation de CWmin qui est proposée, dans [114], les auteurs proposent une adaptation du nombre de trames transmis (TXOP).
Dans [106], [107], les auteurs proposent une augmentation de CW et AIFS des flux best effort pour protéger les flux voix et vidéo. Les auteurs de [105] conseillent d'ajuster CWmin, CWmax et AIFS pour différencier entre les flux et d'augmenter ou diminuer CWmin et CWmax de toutes les ACs pour utiliser au maximum le réseau sans spécifier le pas d'ajustement.
Toutes ces solutions d'adaptation ne constituent que des efforts d'amélioration des performances basés sur les observations des effets des paramètres EDCA. Elles ne peuvent pas être suffisantes pour résoudre le problème plus global d'optimisation de ces paramètres dans le but double de garantir la QoS des applications multimédia et d'optimiser l'utilisation des ressources du canal.

Hormis les études d'ajustement basées sur les observations des effets de la modification des paramètres des flux sur la performance du réseau, quelques tentatives d'optimisation apparaissent récemment dans la littérature.

1. **Ainsi, les auteurs de [119]**, ont développe un modèle analytique assez simple pour 802.11e lequel est utilisé dans un processus d'optimisation des paramètres des flux. Une fonction d'optimisation est réalisée sous Matlab pour obtenir les valeurs optimales des paramètres des flux. Les objectifs à atteindre sont de garantir la bande passante utile pour les flux rigides (voix), un taux d'utilisation spécifié pour ces flux et un délai ne dépassant pas une certaine valeur tout en essayant de fournir la bande passante maximale possible pour les flux élastique (best effort).

2. **Dans [136]**, les auteurs ont présenté une méthode analytique d'optimisation des paramètres des flux, pour la maximisation du débit avec distribution du débit total atteignable sur les différentes stations selon un poids donné à chaque station. L'une des hypothèses prises dans la méthode proposée est qu'elle ne considère que les applications élastiques non temps réel et ceci car elle est basée sur un modèle analytique capable de calculer le débit atteignable uniquement. Ce modèle est en fait dérive du modèle de Wu [82] proposé pour DCF dans les conditions de saturation.

3. **L'étude faite dans [136]** a aboutit à la conclusion qu'AIFS n'est pas utilisé dans la configuration optimale, c.à.d. que ce paramètre n'a pas d'influence sur l'optimisation cherchée, seuls CWmin et CWmax ont eu une influence. Une discussion autour de TXOPLimit est présentée, mais ce paramètre n'était pas introduit dans la méthode d'optimisation car il n'est pas pris en compte dans le modèle analytique utilisé.

4. **Sung et Yun [137]** ont essayé de chercher les paramètres optimaux des flux dans un Scénario contenant deux classes de trafics ; une pour les applications temps réel (RT, Real Time) et une autre pour les applications non temps réel (NRT, Non Real Time). Les objectifs d'optimisation sont un délai moyen minimal pour les trafics RT et un débit maximal pour les trafics NRT. Les configurations des paramètres optimaux ont été comparées aux configurations des paramètres par défaut de 802.11e EDCA et les auteurs ont montré l'efficacité de la procédure d'optimisation par l'augmentation du débit atteignable des trafics NRT de 12%. Pour limiter l'espace d'exploration et par suite le nombre de simulations, un ensemble d'heuristiques a été utilisé en se basant sur les caractéristiques de différentiation entre les différentes classes de trafic, c.à.d. il n'est pas nécessaire d'essayer certaines configurations si on est sur que l'on ne va pas pouvoir garantir les besoins de QoS requises (contraintes). Une autre limitation dans la procédure d'optimisation est qu'elle ne considère par le paramètre TXOPLimit parmi les paramètres à optimiser.

5. **Koukoutsidis [138]** examine la sélection optimale des paramètres d'accès d'un trafic élastique en présence d'un trafic temps réel dont les paramètres d'accès sont fixes. Il a démontré l'optimalité d'utiliser de grandes valeurs de TXOP et AIFS pour maximiser le débit du trafic élastique tout en garantissant des faibles délais pour le trafic temps réel. Il a aboutit aussi au résultat que CWmin, AIFS et TXOP ont plus d'influence que CWmax, ce dernier n'a aucun effet dans les conditions de non-saturation. Selon les résultats de ce travail, dans le cas d'une seule classe de trafic, ayant une valeur fixe TXOPLimit, une sélection optimale de CWmin (CWmin optimale) est pratiquement suffisante pour atteindre la meilleure capacité et performance. Alors que dans le cas de présence d'une classe de trafic élastique avec une classe de trafic temps réel, la maximisation du débit de la classe élastique peut être achevée par l'exploitation des TXOPLimit, alors que les contraintes de délai de la classe temps réel peuvent être atteintes en augmentant la différence entre les AIFS des deux classes. La valeur de CWmin de la classe élastique peut être mise à sa valeur optimale (CWmin optimale) si le trafic temps réel n'est pas très important. Si ce dernier augmente, la valeur de CWmin doit être ajustée à des valeurs inférieures. Pour finir, du fait que CWmax n'a pas une influence sur la performance, sa valeur peut être fixée à une valeur constante.

A partir de cette étude des travaux d'optimisation, nous pouvons établir les conclusions suivantes:

1. L'ensemble des études analysées ci dessus cherchent à trouver les valeurs optimales des paramètres des flux pour des critères fixes qui ne sont pas dérivés des besoins des applications demandées à un contrôle d'admission. En fait, le grand défi pour 802.11 est comment mapper de façon optimale les besoins de QoS des applications au choix des paramètres d'accès au canal des différents trafics tout en utilisant un mécanisme de contrôle d'admission. On trouve dans la littérature des études d'optimisation sans contrôle d'admission, et des mécanismes de contrôle d'admission sans optimisation. L'objectif le plus important à atteindre est de définir un mécanisme de contrôle d'admission associé à une procédure d'optimisation des paramètres des flux. Cette solution va garantir les besoins de QoS des applications tout en utilisant au maximum les ressources du réseau.

2. L'ensemble des travaux existants ne constituent qu'un ensemble d'heuristiques et ont comme but de fournir des directives sur la configuration des paramètres des flux, pour des scénarios bien spécifiés. Une solution globale d'optimisation n'a pas encore vu le jour.

3.5. Synthèse

Dans cette section, nous allons discuter les avantages et les limitations des trois catégories de mécanismes de contrôle d'admission détaillées ci dessus.
Les mécanismes de contrôle d'admission basés uniquement sur les mesures possèdent les deux avantages suivants :

1. Pas de calculs numériques complexes avant la prise de décision ; de simples calculs de charges additionnelles, qu'un nouveau flux peut générer une fois qu'il est introduit dans le réseau sont nécessaires. Ces charges sont ensuite comparées aux capacités résiduelles mesurées du canal.
2. Les mesures donnent plus de précision par rapport aux estimations numériques.

Cependant, ces approches possèdent aussi plusieurs inconvénients et limitations qui se résument par les points suivants :

1. Ces approches ne considèrent pas les besoins réels de QoS comme la bande passante requise et le délai d'accès toléré comme critères de décisions. Donc les mesures ne peuvent pas être mappées aux besoins de QoS, ce qui fait que les garanties de QoS ne sont pas forcement fournies.
2. Les mesures peuvent seulement donner les conditions d'utilisation du canal, mais ne permettent pas de déduire les valeurs du débit atteignable et du délai d'accès.
3. Il est souvent nécessaire d'utiliser de la signalisation entre les stations et le point d'accès pour échanger les informations mesurées.
4. Pour les adaptations des paramètres de différentiation, basées sur les mesures l'inconvénient essentiel de ces mécanismes est qu'ils causent des oscillations de performances. En effet, les stations ajustent perpétuellement leurs paramètres d'accès (à chaque intervalle de mesure).

Pour les mécanismes de contrôle d'admission basés uniquement sur les modèles analytiques, nous émettons le constat suivant :

1. D'un côté, un temps de réponse élevé dans le cas ou le modèle analytique est complexe numériquement.
2. De l'autre côté, un problème de validité et de fiabilité de l'estimation lorsque le modèle effectue des simplifications fortes et ne reflète pas correctement le fonctionnement du protocole.
3. Pour les adaptations des paramètres de différentiation, basées sur les mesures l'inconvénient essentiel de ces mécanismes est qu'ils causent des oscillations de performances. En effet, les stations ajustent perpétuellement leurs paramètres d'accès (à chaque intervalle de mesure)

Les inconvénients émis précédemment, n'empêchent pas les avantages listés ci-dessous :

1. La décision se base sur les besoins réels de QoS des applications, car elle s'appuie sur les prédictions des métriques de performances si le nouveaux flux est accepté. En fonction de ces estimations et des besoins de QoS d'un nouveau flux, le point d'accès décide de l'admission ou du rejet.
2. La possibilité d'ajustement des paramètres de différentiation des flux pour améliorer l'utilisation des ressources et répondre aux besoins de QoS des stations actives et de la nouvelle station qui demande l'accès. Comme les paramètres d'accès constituent les paramètres des équations analytiques du système, leur changement montre comment la performance du réseau change et par suite aide à leur ajustement en fonction de l'objectif désiré. Cet ajustement peut se faire à chaque introduction d'un nouveau flux.

Les mécanismes de contrôle d'admission hybrides couplent les avantages des deux mécanismes précédents, car ils effectuent les mesures des conditions du canal et les utilisent dans les équations mathématiques pour prédire les métriques de performance.

Pour conclure cette partie, nous constatons que pour traduire les besoins réels de QoS des applications multimédia en critères de décision, un contrôle d'admission basé sur les mesures uniquement ne peut pas être efficace. Un contrôle d'admission basé uniquement sur le modèle analytique est faisable si le modèle analytique est caractérisé par une bonne validité et une complexité numérique acceptable, chose qui est très difficile à atteindre, puisque elle n'existe pas à nos jours. Donc une meilleure solution possible, dans l'état actuel des choses, est le contrôle d'admission hybride [155], [156], [160], [164], [167].

3.7. Conclusion

Comme nous l'avons détaillé tout au long des Chapitres 2 et 3, la garantie de la QoS des applications multimédia dans les réseaux locaux sans fil reste un problème non résolu. L'une des méthodes la plus efficace pour garantir les besoins de QoS des applications multimédia consiste à limiter le nombre de stations associées à un point d'accès donné. Pour ce faire, le point d'accès doit être capable de contrôler l'accès des stations au canal par le biais d'un mécanisme de contrôle d'admission efficace. Ce dernier, pour pouvoir prendre la bonne décision d'admission ou de rejet, doit être basé sur une bonne estimation des ressources disponibles dans le réseau. Il doit de même pouvoir prédire les métriques de QoS atteignables par les stations actives et les stations qui demandent l'accès, lorsque ces dernières seront admises. C'est plus précisément ici que réside le problème le plus difficile à résoudre. Comment effectuer cette prédiction de ressources ? Plusieurs méthodes sont proposées, chacune possède ses avantages et ses inconvénients, comme on l'a vu tout au long de ce chapitre. D'où l'essence de ce travail, qui consiste à proposer une solution efficace et autant que possible simple.
Dans ce chapitre, on a brièvement exposé quelques algorithmes de contrôle d'admission pour les réseaux 802.11 e. Ceux basés sur les mesures bien qu'ils soient exacts et simples, souffrent du manque de garanties de QoS aux flux et d'oscillations de performances, pour ceux qui adaptent les paramètres de différentiation. Ceux basés uniquement sur les modèles analytiques, souffrent d'un temps de réponse élevé, et d'un problème de validité et de fiabilité, par contre possèdent certains avantages comme la prise en compte des besoins réels de QoS des applications. Par

conséquent, nous déduisons que les méthodes hybrides pourraient être une solution plus adéquate, et effectivement nous allons utilisé ce type de CAC pour proposer un algorithme de contrôle d'admission efficace et qui allierait la simplicité et l'exactitude, un temps de réponse faible et un ajustement des paramètres de différentiation pour une utilisation optimale des ressources du réseau, tout en prenant en compte les besoins réels de QoS des applications multimédia comme critères de décision. Chose qui sera détaillée dans le prochain chapitre.

CHAPITRE 4 Physical Rates and Contention Window based admission control (PRCW)

Introduction

Nous pouvons profiter de l'existence de cette base du mécanisme de contrôle d'admission dans EDCA et HCCA pour résoudre les problèmes liés aux conditions de saturation dans 802.11e. Il suffit de proposer un algorithme de contrôle d'admission efficace à instancier au niveau du point d'accès et de le coupler à l'ensemble des échanges de contrôle d'admission du standard. Cet algorithme de contrôle d'admission doit répondre aux besoins des applications multimédia et temps réel en leur garantissant les ressources demandées au réseau lorsque les flux afférents sont acceptés. Il doit donc contrôler les flux actifs dans le réseau et baser sa décision sur les ressources disponibles.

Pour prendre la bonne décision, le QAP doit être capable d'estimer les ressources disponibles et vérifier si ces ressources sont suffisantes pour garantir le débit demandé et le délai d'accès requis par les applications qui demandent l'admission. Il faut donc que le point d'accès soit capable de prédire à chaque demande d'accès le débit et le délai d'accès atteignables pour tous les flux actifs après l'admission du nouveau flux. Cette prédiction ne peut être effectuée que via un calcul mathématique simple des ressources déjà utilisées et donc de celles restantes, en plus du calcul de certains paramètres comme le taux de collision, le nombre de trafic de type BE, ect et qui devra être implanté dans le QAP.

Contrairement aux contrôles d'admission basés sur les modèles analytiques et qui utilisent uniquement le délai d'accès, ou bien uniquement le débit atteignable comme critère de décision. Dans notre proposition, nous allons utiliser ces deux métriques, mais mappées dans une seule formule qu'on utilisera pour faire notre décision d'accepter ou rejeter le nouveau flux. En effet, même si les applications temps réel sont plus exigeantes vis-à-vis des délais, et ont des besoins stricts en termes de délais d'accès, l'utilisation conjointe des deux métriques comme critères d'admission ou de rejet implique que le contrôle d'admission proposé peut être appliqué en même temps aux applications multimédia (comme la vidéo) qui ont plutôt des besoins en termes de bande passante, ainsi qu'aux applications voix (comme la téléphonie) sensibles aux deux.

En ce qui concerne la saturation, le voisinage de la saturation et la non-saturation, notre proposition est applicable à toutes les régions de fonctionnement. Il reste alors au contrôle d'admission de décider si le réseau est permis d'atteindre l'état de saturation ou bien doit rester dans la région de non-saturation et ceci en fonction des besoins des applications actives et des capacités du réseau qui dépendent, comme nous l'avons démontré, de la configuration des paramètres de différentiation des flux des différentes ACs (c-à-d que si l'on ne fait pas d'ajustement des paramètres de différentiation des flux, le réseau devrait éviter de rentrer dans l'état de saturation, pour éviter la dégradation de QoS des flux admis, mais si le mécanisme d'ajustement des paramètres de différentiation est supporté, alors le réseau peut se permettre de rentrer dans l'état de saturation, tout en gardant la QoS des flux admis en dégradant les paramètres d'accès des flux BE).

4.2. Présentation de l'algorithme PRCW

Comme nous l'avons vu dans le Chapitre 3, le standard 802.11e a définit une procédure simple de contrôle d'admission entre les stations et le point d'accès en laissant la spécification et l'implémentation de l'algorithme de contrôle d'admission au libre choix des vendeurs. Selon la procédure du standard, une station sans fil envoie un message de demande d'accès ADDTS Request contenant la priorité et les besoins de QoS dans les champs TSPEC. TSPEC définit la taille nominale des trames (MSDU size), le débit moyen (Rmean) et le debit minimal et maximal (Rmin et Rpeak) et la borne limite supérieure du délai (Delay bound). Le point d'accès étudie la demande en utilisant l'algorithme de contrôle d'admission implémenté et envoie un message ADDTS Response contenant une réponse d'acceptation ou du rejet [18]. Cette procédure est schématisée dans la Figure 4.1.

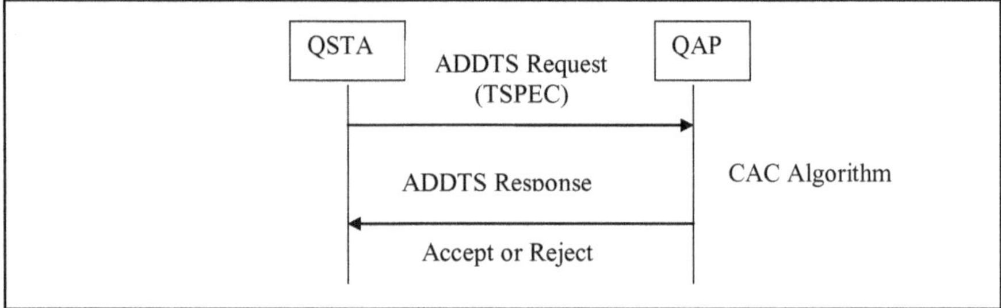

Figure 4.1 : Schématisation de la procédure de contrôle d'admission dans 802.11 e.

Donc chaque station sans fil, envoie un message de demande d'accès pour un nouveau flux ayant une catégorie d'accès bien déterminée, au point d'accès spécifiant les besoins de QoS (dans notre cas, nous sommes intéressés au débit moyen et à la borne supérieure du délai), puis elle attend la réponse de la part du point d'accès. Si la demande est rejetée, une nouvelle demande d'accès sera effectuée après un certain temps. Si la demande est acceptée, le flux devient actif et commence soit la contention sur le canal, soit attend d'être interrogé par le QAP. Une fois la transmission terminée, un message DELETS (Delete Traffic Stream) est envoyé par la station informant le point d'accès de la nécessite de supprimer ce flux de l'ensemble des flux actifs.

Comme nous l'avons vu dans le chapitre 1, que ce soit dans le protocole EDCA ou HCCA, les QSTA vont se voir attribués un temps de transmission $TXOP_{EDCA}$ pour EDCA et $TXOP_{HCCA}$ pour HCCA, dérivé de leur besoins en QoS et qui doit leur garantir leur besoin en débit et un délai maximal, donc notre proposition de contrôle d'accès, à la base, est aussi bien valable pour le protocole EDCA que HCCA, ce qui éviterait d'avoir un algorithme CAC pour le mode EDCA, et un autre pour le mode HCCA. A noter que notre proposition s'est majoritairement inspirée des solutions proposées précédemment, mais avec un mappage différent.

L'idée donné par plusieurs auteurs, qui consiste à changer les paramètres [AIFSN,CWmin and CWmax] des flux "best effort", pour des collisions décroissantes, est valide et donne des résultats très intéressants, du fait que c'est une manière efficace de protéger les flux QoS contre les flux « best effort », et réduire ainsi le nombre de collisions.

Mais, ceci est fait seulement après que la charge du réseau soit devenue supérieure ou égal à 70% du débit maximal du réseau et seulement si le nombre de flux « best effort » excède un seuil (=nombre de stations actives divisé par 3). Cette valeur est motivée par le fait que, dans tous les algorithmes cités, la dégradation de QoS débute à cette charge. Ainsi nous augmentons AIFSN [flux best effort], CWmin et CWmax seulement à 70% de la charge du réseau, pour empêcher la famine des flux « best effort ». Nous employons également le taux de transmission courant et réel des QSTAs, selon leurs positions, au lieu du taux minimum de transmission utilisé par le standard 802.11 e, pour dériver le calcul de TXOPi pour toutes les stations (avec i=1 au nombre de stations actives) et la charge globale du réseau. Par exemple, dans le cas ou le réseau 802.11g est utilisé, nous assumons que :

- si la position p de la station par rapport au QAP <= 5 mètres alors le débit de la station D=36Mbps;
- si 5<p<10 mètres alors D=11Mbps;
- Autrement D=6Mbps.

Ces valeurs ont été choisies d'après notre expérimentation et l'avis de plusieurs articles présents dans la bibliographie, valeurs qu'on a utilisé dans la simulation. Ceci dit selon l'environnement (présence de murs, d'obstacles, la dénivellation entre les QSTA et le QAP) ou s'effectue les prélèvements, les résultats peuvent changer mais pas de façon dramatique. Cependant, comme on l'a vu dans la couche physique, il y a un champ « signal » ou « PSF », qui peut être utilisé pour indiquer le débit de transmission de la station au QAP, dans la réalité, tout comme on peut intégrer un système de géo localisation GPRS dans les stations et le QAP, pour avoir la position exacte des stations par rapport au QAP.

Description du PRCW

Nous nous proposons d'utiliser un contrôle d'admission au niveau du QAP et un contrôle et partage des ressources allouées au niveau des stations. Les QSTA vont estimer correctement la longueur de leur files d'attente, que ce soit pour le protocole EDCA ou HCCA, du fait que l'information fraiche est à leur disposition instantanément, et selon le résultat vont partager équitablement et selon le vrai besoin, le TXOPi qui leur a été alloué par le QAP. QAP qui a fait l'allocation des TXOPi en se basant sur les informations qui ont pu être erronées ou ont changées entre temps, transmises par les QSTA, qui elles même se sont basées sur les besoins en QoS des différents flux. Cependant certains flux, comme par exemple le flux VBR, a ses besoins en débit variable au fil du temps, càd que par moment il a besoin de peu de débit et par d'autres ses besoins en débit atteignent des pics, chose qui est pratiquement impossible à prédire à l'avance, ce qui conduit à un nombre important de paquets perdus, donc une dégradation flagrante des performances de ce type de trafic (comme on va le démontrer dans le chapitre trois). Pour cela, la QSTA aura pour rôle de partager les ressources qui lui ont été allouées entre les files qui ont en vraiment besoin et qui souffrent de dégradations importantes de leur QoS, en mesurant la longueur de ses files d'attente en temps réel et allouant l'excès de TXOP aux stations qui en ont besoin, en utilisant des calculs mathématiques simples.

Dans les Figures 4.2 et 4.3 sont exposés les organigrammes, un au niveau du QAP et l'autre au niveau des QSTA, de notre proposition et qui opèrent comme suit :

Nous adoptons les notations suivantes :

- i : le nombre de stations actives ;
- j : le nombre de flux actifs dans une station ;
- TXOPij : temps de transmission alloué au flux j de la station i par le QAP ;
- TXOPi : temps de transmission alloué à la station i pour tous ses flux actifs par le QAP ;
- Seuil1 : la valeur seuil de la charge totale du réseau et qui est égale à 70% ;
- Seuil2 : la valeur seuil du nombre total de collisions dans le réseau, égale à 10% du nombre total de tentatives de transmission ;

- Au niveau QAP:

1. Calculer la position des QSTAs par rapport au QAP, et déduire le taux de transmission de chaque QSTA active, qui sera employé dans le calcul du TXOP
2. Calculer la charge du réseau, si elle est inférieur ou égale à seuil1 de la charge maximal, alors emploie de l'ordonnanceur du QAP, qui est simple et le même qui est employé par la norme 802.11e. Il calculera d'abord le nombre de trames, qui arrivera pendant l'intervalle de temps balise, pour chaque flux de toutes les stations, puis le temps nécessaire TXOPij pour que la QSTA i puisse transmettre cette quantité de données du flux j selon sa vitesse de transmission D, en employant la formule:

$$TXOPij = \frac{\text{intervalle beacon [s]*taille moyenne des trames pour le flux j[bits]}}{\text{Temps interarrivée du flux j[s]*taux transmis de la station i[bits/s]}} \quad [7]$$

Après il calcule le TXOPi nécessaire pour toutes les stations i actives

$$TXOPi = \sum_{j=1}^{\text{Nbre de flux actifs}} TXOPij \quad [8]$$

3. $$si \ \frac{TXOP_{k+1}}{SI} + \sum_{I=1}^{K} \frac{TXOP_I}{SI} \leq \frac{TCAPLimit}{TBeacon} \quad [9]$$

(ou *TCAPLimit* est la durée maximale de HCCA, et peut être la durée maximale de EDCA et *TBeacon* représente la longueur d'un intervalle balise et SI est l'intervalle de service, qui est un paramètre de QoS des applications, avec la période inter-arrivée des flux et sa taille moyenne de trames)
Est vrai alors, le nouveau flux k+1 est admis, autrement le flux est refusé et la trame beacon est envoyé. Aller à 1 après que l'intervalle balise soit écoulé

4. Si la charge du réseau est supérieur à seuil1 de la charge maximum alors, calculer le nombre total de collisions (C) et nombre d'applications data (DA=data= « best effort »=BE), ceci étant valable pour le protocole EDCA, puisque pour HCCA, il n'y a pas de collisions puisque les stations n'émettent que sur autorisation du QAP. Le QAP, peut connaître le nombre de collisions, en regardant le champ Retry de la couche PHY qui indique que c'est une retransmission, donc la trame n'est pas arrivée à bon port, soit pour

cause de collisions ou pour une erreur due au canal. Dans les deux cas, il est utile de favoriser les retransmissions le plus rapidement possible des flux multimédia, par rapport aux flux BE.

5. Si C est supérieur à seuil2, nous augmentons CWmin [data application], pour maintenir la QoS d'applications audio, et vidéo déjà admises, sans léser les flux data. La valeur de DA a été changé jusqu'à ce que nous ayons trouvé la meilleure valeur (si nombre de flux data> nombre total de flux/3 total ou si C>seuil2) alors nous augmentons le CWmin selon la formule [10] et aller à 7.

CWmin=CWmin *2 [10]

6. Autrement nous autorisons le rétablissement de la valeur initiale de CWmin
7. Quand le flux admis n'est pas un trafic CBR, mais VBR, le nombre de trames qui arrivera aux files d'attente peut être différent du nombre calculé par le QAP, et nous aurons ainsi beaucoup de paquets perdus. Ainsi si le nombre de paquets perdus >= seuil (5%), le QAP recalculera le TXOPi des stations, qui n'ont pas utilisé tout leur TXOPi précédent, et le redistribue aux stations qui ont employé tout leur TXOPi précédent et ont un taux de perte élevé. Aller à 1 après que l'intervalle balise soit écoulé.

- Au niveau QSTA :

1. calculer la taille des files d'attente de ses applications QoS, et si la taille est plus grande que celle communiquée au QAP, alors l'ordonnanceur redistribuera le TXOPi gagné, entre les flux qui ont besoin de temps de transmission supplémentaire comme les flux VBR
2. autrement chaque flux gardera le même TXOPij jusqu'à ce qu'il ait fini sa transmission

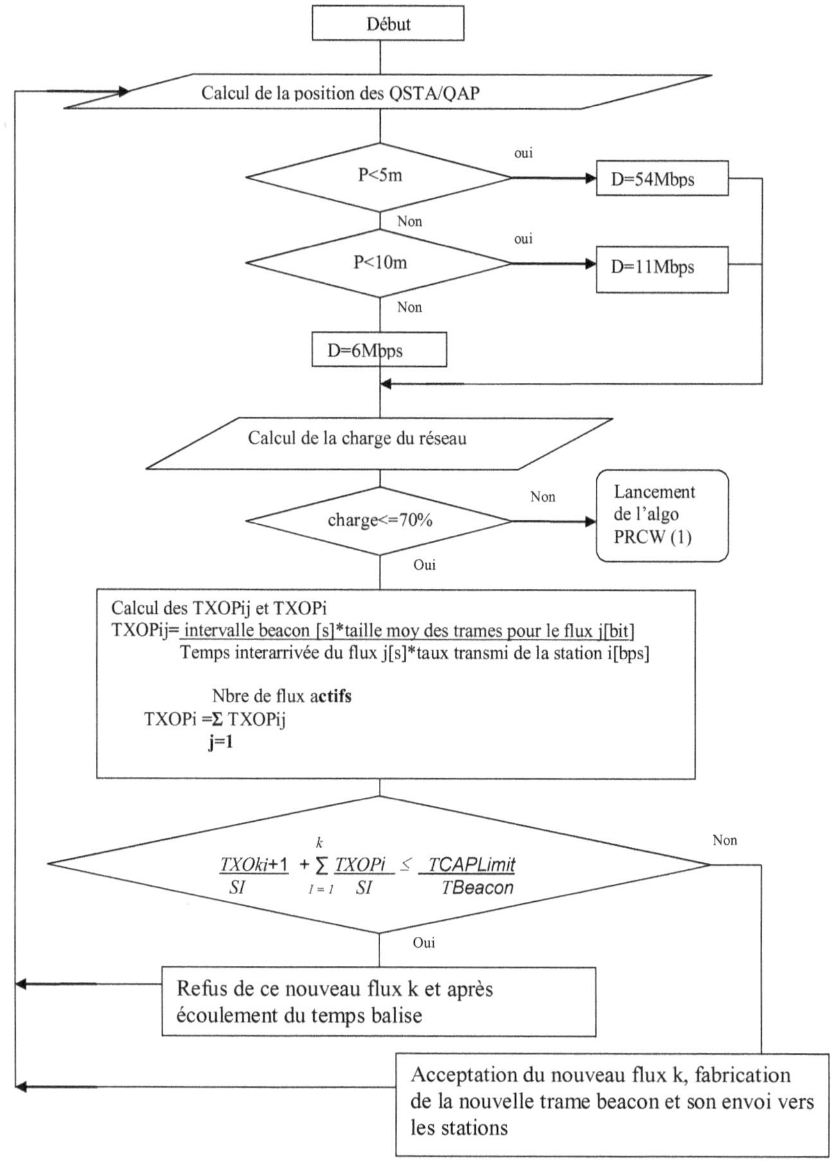
Début
Calcul de la position des QSTA/QAP
P<5m
oui
D=54Mbps
Non
P<10m
oui
D=11Mbps
Non
D=6Mbps
Calcul de la charge du réseau
charge<=70%
Non
Lancement de l'algo PRCW (1)
Oui
Calcul des TXOPij et TXOPi
TXOPij= intervalle beacon [s]*taille moy des trames pour le flux j[bit] / Temps interarrivée du flux j[s]*taux transmi de la station i[bps]
TXOPi =Σ TXOPij (j=1 to Nbre de flux actifs)
TXOki+1 / SI + Σ (I=1 to k) TXOPi / SI ≤ TCAPLimit / TBeacon
Non
Oui
Refus de ce nouveau flux k et après écoulement du temps balise
Acceptation du nouveau flux k, fabrication de la nouvelle trame beacon et son envoi vers les stations

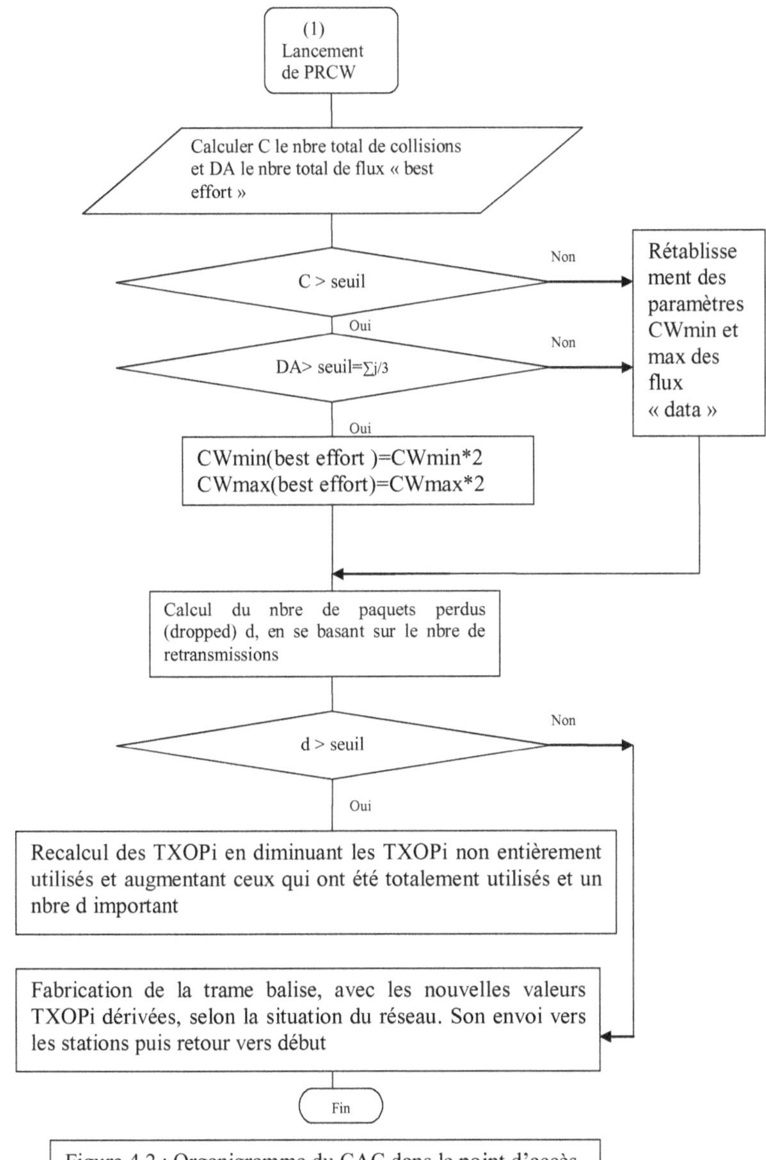

Figure 4.2 : Organigramme du CAC dans le point d'accès

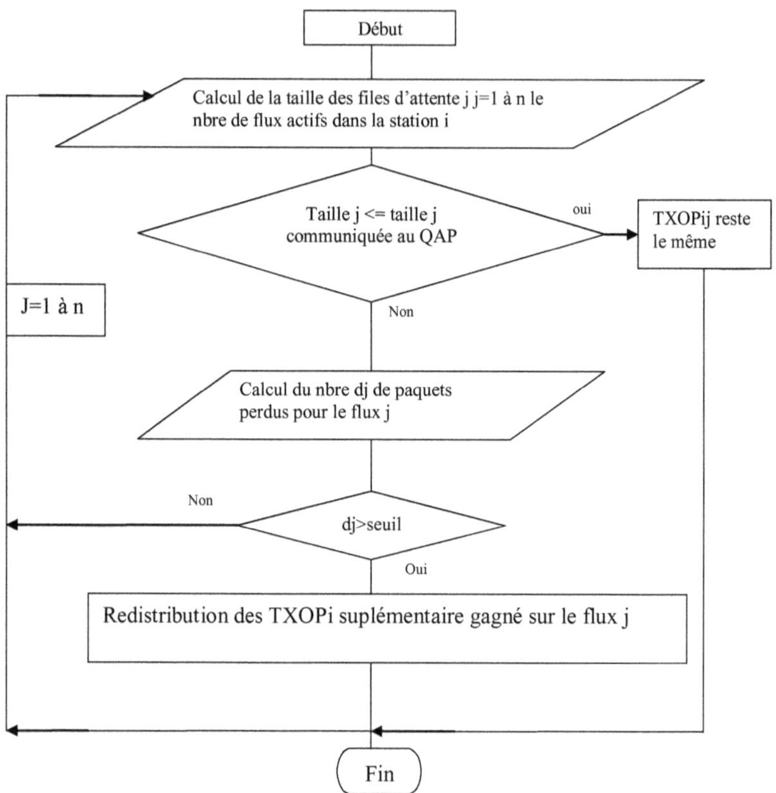

Figure 4.3: Organigramme du CAC dans les stations

4.3 Conclusion

Dans ce chapitre, nous avons exposé notre propre algorithme, qui va éviter les inconvénients de l'état de l'art et garder leurs avantages. Ses performances par rapport à deux algorithmes CAC qu'on a choisi de comparer avec le notre, seront discutées dans le chapitre suivant, par l'intermédiaire de simulations faites sous NS2. Le choix de l'algorithme « Reference Scheme » est que principalement c'est celui qui a été proposé par le standard 802.11 e, et sur lequel on a fait des extensions pour sa simplicité. Quant au choix de l'algorithme FHCF, il a été motivé par le fait que c'est l'un parmi ceux qui ont pris en compte la présence de trafic de type VBR, et l'un des algorithmes les plus aboutis et qui a fait des simulations des performances de l'algorithme sous NS2, comme on a pu le voir dans le tableau récapitulatif des avantages et inconvénients des algorithmes CAC dans le chapitre précédent.

CHAPITRE 5 Évaluation des Performances des Mécanismes de QoS et de contrôle d'admission

5.1. Introduction

Face à la complexité des réseaux de communication, la simulation a été et reste toujours l'outil privilégié pour évaluer les performances des réseaux et pour étudier leur comportement. Les différents composants du réseau (source, lien, nœud, protocole, ...), sont modélisés en termes d'instructions qui sont interprétées par une entité de coordination, le simulateur.
La simulation permet, d'étudier les modèles de réseau avec n'importe quel niveau de détail. On peut facilement modifier les conditions de fonctionnement du réseau et comparer les mesures d'intérêt d'un scénario à l'autre.
Dans ce chapitre, nous allons exposer les résultats de simulation faites au cours de ce travail de thèse et qui consistent en :
1^{ier} Partie : Simulation du protocole DCF 802.11 sans qualité de service et EDCA 802.11 e avec qualité de service pour comparer les performances de chaque protocole.
2ème Partie : Simulation du protocole 802.11 e avec ses deux protocoles EDCA et HCCA pour mettre à jour leurs failles et ou leurs qualités
3ème Partie : Simulation du protocole 802.11 en situation de handover et de roaming pour les deux modes infrastructure et ad hoc
4ème Partie : Simulation de l'algorithme proposé dans cette thèse qui est un algorithme de contrôle d'admission (CAC) PRCW (Physical Rate and Contention Window based admission control) pour les réseaux 802.11 e, et le comparer avec deux autres mécanismes qui sont le FHCF (Fair HCF) et HCCA du standard 802.11 e.
5ème Partie : Simulation de l'algorithme PRCW auquel nous avons intégré un simple mécanisme de réservation de ressources pour faire face aux situations de handover et roaming.

5.2. Software utilisé

Le logiciel utilisé pour faire les simulations est NS2 (Network Simulator version 2) et plus spécialement le module qui simule les réseaux sans fil 802.11 e avec qualité de service, dont il existe plusieurs implémentations [142],[170], [179], [180], nous avons utilisé l'implémentation française qui comprend aussi l'implémentation de l'algorithme FHCF, en plus des algorithmes HCCA, EDCA [142]. NS2 [180] est un simulateur à évènements discrets beaucoup utilisé par la communauté universitaire pour simuler tout ce qui se rapporte aux réseaux.
Un script de simulation doit être écrit en langage OTCL, dont un extrait a été donné ci-dessous et va lancer l'exécution des différents scénarios. Les résultats sont collectés dans un fichier trace au format texte. Il est tout à fait possible de créer un nouveau protocole ou de nouveaux objets par l'intermédiaire des langages C++ et OTCL. Nous

avons utilisé la version NS2.1b7 sous linux mandrake version 10, pour faire nos simulations, et ceci du fait que le protocole FHCF a été modélisé sous cette version, donc pour des raisons de fiabilité dans les comparaisons, nous avons aussi utilisé la même version. Ce qui nous a crée quelques soucis d'installation. Nous avons ensuite utilisé, des scripts écrits sous shell de Linux, awk pour analyser les fichiers trace et Matlab [89] pour tracer les graphes correspondant aux fichiers extraits par awk.
La documentation complète de ce simulateur se touve [175],[176],[177],[178].

```
######################################################################
######################
#
# Main tcl code to access various wireless lan scenarios
#
######################################################################
######################


######################################################################
######################
# Set defaults; its important to set defaults before parsing
# command line arguments, so that defaults can be overridden

set endtime       20.0                    ;# duration of the
simulation
set idea_mac         0                    ;# default cleverness of
mac
                                          ;#    0 - normal
                                          ;#    1 - persistent
slotting
                                          ;#    0 - PDCF
set title_            ""
set beacon_period    0
set hcca_duration    0
set std              0

set val(chan)        Channel/WirelessChannel       ;# Channel Type
set val(prop)        Propagation/TwoRayGround      ;# radio-
propagation model
set val(netif)       Phy/WirelessPhy               ;# network
interface type
set val(mac)         Mac/802_11              ;# MAC type
set val(ifq)         Queue/DropTail/PriQueue       ;# interface
queue type
set val(ll)           LL                     ;# link layer type
set val(ant)         Antenna/OmniAntenna           ;# antenna
model
set val(ifqlen)      50                      ;# max packet in ifq
set val(rp)       BSS                     ;# routing protocol
set val(x)        500
set val(y)        500

Phy/WirelessPhy set CPThresh_ 2000
Phy/WirelessPhy set per_      0.0
Mac/802_11 set bandwidth_     36Mb
PLevels set max_plevels_      8
PLevels set plevels_          8
MAC_MIB set RTSThreshold_     3000
MAC_MIB set ShortRetryLimit_  7
```

```
MAC_MIB set LongRetryLimit_   4
PHY_MIB set MinimumBandwidth_ 6Mb
PHY_MIB set SlotTime_         0.000009
PHY_MIB set SIFS_         0.000016
PHY_MIB set CWMin_0           31
PHY_MIB set CWMax_0           1023
PHY_MIB set CWOffset_0        2
PHY_MIB set CWMin_6           7
PHY_MIB set CWMax_6           15
PHY_MIB set CWOffset_6        2
PHY_MIB set CWMin_5           15
PHY_MIB set CWMax_5           31
PHY_MIB set CWOffset_5        2
PHY_MIB set CWMin_4           15
PHY_MIB set CWMax_4           31
PHY_MIB set CWOffset_4        2


######################################################################
######################
# Usage

if {$argc < 1} {
      puts stderr "usage: ns $argv0 <scenario> "
      exit 1;
}


######################################################################
######################
# Load up the scenario; allow it to override the above defaults

set scenario [lindex $argv 0]
puts "% set scenario $scenario"
puts "Running scenario $scenario"
source $scenario-scenario.tcl


######################################################################
######################
# Setup other vars

puts "Creating $num_nodes nodes"

# cookie appended to scenario name for filenames that are created
if {[info exists cookie]} {
      set outfile_ $scenario.$cookie
} else {
      set outfile_ $scenario
}

# num_bss_nodes describes the number of nodes in the BSS; the
# remaining nodes are ADHOC; default: all nodes are in the BSS
if {![info exists num_bss_nodes]} {
      set num_bss_nodes $num_nodes
}

######################################################################
######################
# Primary simulation objects
```

```
set ns_           [new Simulator]
$ns_ use-newtrace

set tracefd [open $outfile_.tr w]
$ns_ trace-all $tracefd

# set namtrace    [open $outfile_.nam w]
# $ns_ namtrace-all-wireless $namtrace $val(x) $val(y)

# set up topography object
set topo      [new Topography]

$topo load_flatgrid $val(x) $val(y)

# Create God
create-god $num_nodes


####################################################################
#####################
# Generic WLAN simulation objects

# Create channel #1
set chan_1_ [new $val(chan)]

# Configure nodes to be "attached" to channel #1
$ns_ node-config -adhocRouting $val(rp) \
             -llType $val(ll) \
             -macType $val(mac) \
             -ifqType $val(ifq) \
             -ifqLen $val(ifqlen) \
             -antType $val(ant) \
             -propType $val(prop) \
             -phyType $val(netif) \
             -topoInstance $topo \
             -agentTrace ON \
             -routerTrace ON \
             -macTrace ON \
             -movementTrace ON \
             -channel $chan_1_

# Create nodes with IFQ send tracing enabled,
# random motion disabled
for {set i 0} {$i < $num_nodes} {incr i} {


      set node_($i) [$ns_ node]
      $node_($i) add-ifq-send-trace
      $node_($i) random-motion 0

      # set initial position for NAM
      $ns_ initial_node_pos $node_($i) 20

      # Provide initial (X,Y, for now Z=0) co-ordinates
      set diff [expr ($i + 1) / 2]
      if {[expr $i % 2] == 0} {
            set diff [expr -$diff]
      }
      $node_($i) set X_ [expr $num_nodes + $diff]
      $node_($i) set Y_ [expr $num_nodes + $diff]
```

```
	$node_($i) set Z_ 0.0
}

# make node_(0) the AP for nodes in BSS
set AP_ $node_(0)
set AP_MAC [$AP_ getMacAddr]
for {set i 0} {$i < $num_bss_nodes} {incr i} {
	$node_($i) setMac bss_id $AP_MAC
	$node_($i) setMac cfp $beacon_period $hcca_duration
	  $node_($i) setMac StdHCF $std
}

#$AP_ setMac StdHCF $std

#####################################################################
######################
# Scenario specific simulation objects (agents etc.)

create_scenario



if {$title_ != ""} {
	set titlefd [open $outfile_.title w]
	puts $titlefd "$title_"
	close $titlefd
}

# to set a different CWMin for a particular node
# priority level parameter is optional (0 by default)
# use same method for CWMax/CWOffset/difs also
# for difs: to increase/decrease by n, say +2 slots
# $node_($i) setMac CWMin [priority level] 15

# to set number of priority levels supported on a paricular node
# $node_($i) setPLevels 4


#####################################################################
######################
# End of simulation conditions/operations

for {set i 0} {$i < $num_nodes } {incr i} {
    $ns_ at $endtime "$node_($i) reset";
}
$ns_ at $endtime "do_stop"

set delta 0.01
set endtime [expr $endtime + $delta]
$ns_ at $endtime "do_halt"

proc do_stop {} {
	global ns_ tracefd
	$ns_ flush-trace
	close $tracefd
}

proc do_halt {} {
	global ns_
	puts "NS EXITING..."
	$ns_ halt
```

```
}

#####################################################################
######################
# Start up the simulation

puts "Starting Simulation..."
$ns_ run
```

5.3. Les changements apportés à l'implémentation utilisée

Nous avons utilisé l'implémentation française (il y a plusieurs implémentions du protocole 802.11e disponibles dans la littérature, dont l'implémentation de Stanford [180], d'Italie [170], d'Allemagne [179]), à laquelle on a introduit certains changements notamment le calcul périodique de la position de toutes les stations par rapport au point d'accès, dans le but de rectifier sa vitesse de transmission selon sa position instantanée. Pour cela on a utilisé une fonction C++ appelée « distance » et on a fait en sorte qu'on puisse l'appeler à partir du script TCL.

Les changements introduits ont été faits dans les fichiers suivants :

mac-802_11.h et mac-802_11.cc : on a défini une fonction getnumcollision() qui va nous retourner le nombre de collisions à l'instant demandé par l'intermédiaire de la variable numbcollision de type int, en utilisant la fonction collision(Packet* p) déjà présente et qui permet de comptabiliser le nombre de collisions survenues pendant la simulation

Dans la fonction command() , on a ajouté quelques instructions pour nous permettre d'utiliser les deux fonctions getnumcollision et distance écrites en c++, par notre script en TCL.

On a aussi utilisé les changements introduits par PA [142], pour évaluer les différents TXOP alloués et savoir ceux qui ont été consommés et ceux qui ne l'ont pas été, dans mac-scheduler.h et mac-scheduler.cc. Dans ces même fichiers se trouvent les changements introduits pour estimer les files d'attente des stations entre deux intervalles SI et répartir les TXOP, pendant le nouveau SI, en augmentant le TXOP de ceux dont la file est supérieure à celle estimée.

Dans les fichiers Mobilenode.cc et mobilenode.h, on a modifié la fonction command() , en y ajoutant des instructions de telle sorte que la fonction distance soit accessible par TCL.

On a ajusté la fenêtre de contention des flux data, en fonction du nombre de collision. Pour cela on a utilisé la variable globale Numbcollision qui, si elle est supérieure à un seuil, déclenchera le changement des fenêtres de contention des flux data par l'intermédiaire d'instructions déjà présentes dans le script de simulation.

```
mac-802_11.cc
FHCF implementation - Pierre ANSEL - Jul. 3rd, 2003
My commentaries are preceded by ***PA***.
*/


#include "delay.h"
#include "connector.h"
#include "packet.h"
```

```
#include "random.h"

#include "arp.h"
#include "ll.h"
#include "mac.h"

#include "mac-timers.h"
#include "mac-802_11.h"
#include "cmu-trace.h"
#include "mac-scheduler.h"


/*******************************************************************
****
 *    Global Variables
 *    TCL Hooks for the simulator
 */

static PHY_MIB* PMIB = NULL;
static MAC_MIB* MMIB = NULL;
static TSPEC* TSP = NULL;

//***PA***: Used for the adaptation of the TSPEC negotiation
static class TSPEC_Class : public TclClass {
public :
      TSPEC_Class() : TclClass("TSPEC") {}
      TclObject* create(int, const char*const*){
            if(!TSP)
                  TSP = new TSPEC;
            return (TSP);
      }
} class_Traffic_SPEC;

int Mac802_11::command(int argc, const char*const* argv)
{
      Tcl& tcl = Tcl::instance();
      if (argc == 2) {
            if (strcmp(argv[1], "txop") == 0) {
             u_int32_t  x=txop();
            tcl.resultf("%d",x);
                  return TCL_OK;
            }
            if (strcmp(argv[1], "numbcollision") == 0) {
            Packet *p;
            int x=collision(p);
            tcl.resultf("%d",x);
                  return TCL_OK;
            }
            }
            if (argc == 3) {

               if (strcmp(argv[1], "getminbandwith") == 0) {

                     double distance=atof(argv[2]);
                         if (distance < 10.0) {

                        fprintf(stdout, "Dist is %f inferior to 10\n
", distance) ;
                        phymib_->MinimumBandwidth = 36*1e6;
                        fprintf(stdout, "Minimum rate is %f\n ",
phymib_->MinimumBandwidth ) ;
```

```
                    }
                else if (distance<20.0) {
                    fprintf(stdout, "Dist is %f inferior to 20\n
", distance) ;
                    phymib_->MinimumBandwidth = 11*1e6;
                    fprintf(stdout, "Minimum rate is %f\n ",
phymib_->MinimumBandwidth ) ;
                    }
                else if (distance >20.0) {
                     phymib_->MinimumBandwidth = 6*1e6;
                     fprintf(stdout, "Dist is %f superior to
20\n ", distance) ;
                    fprintf(stdout, "Minimum rate is %f\n ",
phymib_->MinimumBandwidth ) ;
                    }
                    tcl.resultf("%f",phymib_->MinimumBandwidth);

                     return TCL_OK;
            }
        }
if (argc == 3) {
        if (strcmp(argv[1], "eot-target") == 0) {
            EOTtarget_ = (NsObject*)
TclObject::lookup(argv[2]);
            if (EOTtarget_ == 0)
                return TCL_ERROR;
            return TCL_OK;
        }
        if (strcmp(argv[1], "bss_id") == 0) {
            bss_id_ = atoi(argv[2]);
            return TCL_OK;
        }
        if (strcmp(argv[1], "CWMin") == 0) {
            cw_[0] = CWMin_[0] = atoi(argv[2]);
            mhBackoff_.restart();
            return TCL_OK;
        }
        if (strcmp(argv[1], "CWMax") == 0) {
            CWMax_[0] = atoi(argv[2]);
            return TCL_OK;
        }
        if (strcmp(argv[1], "CWOffset") == 0) {
            CWOffset_[0] = atoi(argv[2]);
            return TCL_OK;
if (strcmp(argv[1], "plevels") == 0) {
            plevels_ = atoi(argv[2]);
            assert((plevels_ > 0) && (plevels_ <= PLEVELS));
            return TCL_OK;
        }
int  Mac802_11::collision(Packet* p)
{int numbcollision;
    switch(rx_state_) {

    case MAC_RECV:
        SET_RX_STATE(MAC_COLL);
        ++numbcollision ;

        /* fall through */

    case MAC_COLL:
        assert(pktRx_);
```

```
        assert(mhRecv_.busy());
        ++numbcollision ;

        /* since a collision has occurred, figure out which
packet
         * that caused the collision will "last" the longest;
make
         * this packet, pktRx_ and reset the recv_timer if
necessary
         */
        if (TX_Time(p) > mhRecv_.expire()) {
             mhRecv_.stop();
             discard(pktRx_, DROP_MAC_COLLISION);
             pktRx_ = p;
             mhRecv_.start(TX_Time(pktRx_));
        } else {
             discard(p, DROP_MAC_COLLISION);
        }
        break;

   default:
        assert(0);
   }
   return numbcollision;
   }


   //***PA***: If Cf-Poll or data packet reception, whereas we are
not in CFP or CAP, then, we go into a new CAP, we set the NAV and the
packet is thrown
        if((subtype==MAC_Subtype_Qos_NULL_CFPoll || subtype ==
MAC_Subtype_Qos_NULL || subtype == MAC_Subtype_Qos_Data)&& !in_cfp_){
        in_cfp_ = true;
        set_nav(usec(cfp_in_si_duration_),0);
        if(DEBUG >= 3) printf("cap-in-si-duration :
%f\n",cfp_in_si_duration_);
        if(DEBUG >= 3)
printf("%%%%%%%%%%%%%%%%%%%%%%%%%%%%%%%%%%%%%%%%%%%%%%%%%%%%%%%%%%%%%
%%%%%%%%%%%\n");
        if(DEBUG >= 3) printf("The NAV of station %d is set to %d
us\n\n",index_,usec(cfp_in_si_duration_));
        if(DEBUG >= 3)
printf("%%%%%%%%%%%%%%%%%%%%%%%%%%%%%%%%%%%%%%%%%%%%%%%%%%%%%%%%%%%%%
%%%%%%%%%%%\n");


   }

   //record source and priority of the incoming traffic
   if(bss_id() == addr()){
        int i = map_plevel(PKT_PLEVEL(pktRx_));
        if(subtype == MAC_Subtype_Data && ch->ptype_!=PT_ARP){
             int pri = ((i-2)>0)?i:(-i)+2;
             //***PA***: Tells the QAP scheduler that traffic
exists from "src" to "dst"
             hc_.traffic_existing(src,pri,dst,dst_3a);
             if(DEBUG >= 3) printf("Paquet with priority %d
received from %d ; type = %x, subtype = %x\n",pri,src,type,subtype);
        }
        if(subtype == MAC_Subtype_Data && ch->ptype_==PT_ARP){
             int pri = ((i-2)>0)?i:(-i)+2;
        }
```

```
      }
Mac802-11.h
FHCF implementation - Pierre ANSEL - Jul. 3rd, 2003
My commentaries are preceded by ***PA***.
*/


#include "delay.h"
#include "connector.h"
#include "packet.h"
#include "random.h"

#include "arp.h"
#include "ll.h"
#include "mac.h"

#include "mac-timers.h"
#include "mac-802_11.h"
#include "cmu-trace.h"
#include "mac-scheduler.h"


/*********************************************************************
****
 *     Global Variables
 *     TCL Hooks for the simulator
 */

static PHY_MIB* PMIB = NULL;
static MAC_MIB* MMIB = NULL;
static TSPEC* TSP = NULL;

//***PA***: Used for the adaptation of the TSPEC negotiation
static class TSPEC_Class : public TclClass {
public :
      TSPEC_Class() : TclClass("TSPEC") {}
      TclObject* create(int, const char*const*){
            if(!TSP)
                  TSP = new TSPEC;
            return (TSP);
      }
} class_Traffic_SPEC;


static class PHY_MIB_Class : public TclClass {
public:
      PHY_MIB_Class() : TclClass("PHY_MIB") {}
      TclObject* create(int, const char*const*) {
            if (!PMIB)
                  PMIB = new PHY_MIB;
            return(PMIB);
      }
} class_PHY_MIB;

static class MAC_MIB_Class : public TclClass {
public:
      MAC_MIB_Class() : TclClass("MAC_MIB") {}
      TclObject* create(int, const char*const*) {
            if (!MMIB)
                  MMIB = new MAC_MIB;
            return(MMIB);
```

```
	}
} class_MAC_MIB;

static class Mac802_11Class : public TclClass {
public:
	Mac802_11Class() : TclClass("Mac/802_11") {}
	TclObject* create(int, const char*const*) {
		return (new Mac802_11(PMIB, MMIB, TSP));
	}
} class_mac802_11;
```

mobilenode.h/* test.h*/

```
#ifndef __mobilenode_h__
#define __mobilenode_h__

#define POSITION_UPDATE_INTERVAL    30.0  // seconds
#define MAX_SPEED                5.0   // meters per second (33.55 mph)
#define MIN_SPEED                0.0

#include "object.h"
#include "trace.h"
#include "list.h"
#include "phy.h"
#include "topography.h"
#include "arp.h"
#include "node.h"
#include "gridkeeper.h"
#include "energy-model.h"

class GridKeeper;

#if COMMENT_ONLY
             -----------------------
            |                      |
            |     Upper Layers      |
            |                      |
             -----------------------
                |           |
                |           |
             -------     -------
            |      |    |      |
            |  LL  |    |  LL  |
            |      |    |      |
             -------     -------
                |           |
                |           |
             -------     -------
            |      |    |      |
            | Queue     |      | Queue      |
            |      |    |      |
             -------     -------
                |           |
                |           |
             -------     -------
            |      |    |      |
            |  Mac      |      |  Mac       |
            |      |    |      |
             -------     -------
```

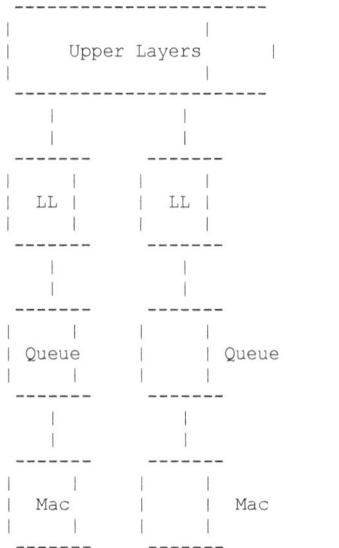

```
                 |           |
                 |           |
              -------     -------     -----------------------
             |      |    |      |    |                       |
             | Netif     | <---      | Netif | <---          |      Mobile
Node   |
             |      |    |      |    |                       |
              -------     -------     -----------------------
                 |           |
                 |           |
              -----------------------
             |                       |
             |      Channel(s)   |
             |                       |
              -----------------------
#endif

class MobileNode;

class PositionHandler : public Handler {
public:
      PositionHandler(MobileNode* n) : node(n) {}
      void handle(Event*);
private:
      MobileNode *node;
};



class MobileNode : public Node
{       friend class mac802_11;
      friend class PositionHandler;
public:
      MobileNode();
      virtual int command(int argc, const char*const* argv);

      double      distance(MobileNode*);
      double      propdelay(MobileNode*);
      void  start(void);
        inline void getLoc(double *x, double *y, double *z) {
            update_position();  *x = X; *y = Y; *z = Z;
      }
        inline void getVelo(double *dx, double *dy, double *dz) {
        *dx = dX * speed; *dy = dY * speed; *dz = 0.0;
        // XXX should calculate this for real based on current
        // and last Z position
      }

      //inline int index() { return index_; }
      inline MobileNode* nextnode() { return link.le_next; }
      virtual void idle_energy_patch(float, float);

      void dump(void);

      // inline MobileNode* base_stn() { return base_stn_; }
      inline int base_stn() { return base_stn_;}
      inline void set_base_stn(int addr) {base_stn_ = addr;}

      /*
       * Last time the position of this node was updated.
       */
```

```
        double position_update_time;
          double position_update_interval;

        /*
           * The following indicate the (x,y,z) position of the node
on
           * the "terrain" of the simulation.
           */
        double X;
        double Y;
        double Z;

        double speed;      // meters per second
        /*
           * The following is a unit vector that specifies the
           * direction of the mobile node. It is used to update
           * position
           */
        double dX;
        double dY;
        double dZ;

          /* where are we going? */
        double destX;
        double destY;

        void  update_position();

        /*
         * for gridkeeper use only
         */

        MobileNode *       next_;
        //    int          grid_x_, grid_y_;
        //int        dim_x_, dim_y_;
        double         radius_;
        void log_energy(int);
protected:
        // Used to generate position updates
        PositionHandler pos_handle;
        Event pos_intr;

};


#endif // mobilenode_h
```

Mobilenode.cc

```
#include <math.h>
#include <stdlib.h>

#include <connector.h>
#include <delay.h>
#include <packet.h>
#include <random.h>

//#include <debug.h>
```

```
#include <arp.h>
#include <topography.h>
#include <trace.h>
#include <address.h>
#include <ll.h>
#include <mac.h>
#include <propagation.h>
#include <mobilenode.h>

// XXX Must supply the first parameter in the macro otherwise msvc
// is unhappy.
static LIST_HEAD(_dummy_MobileNodeList, MobileNode)      nodehead = {
0 };

//static int      MobileNodeIndex = 0;

static class MobileNodeClass : public TclClass {
public:
        MobileNodeClass() : TclClass("Node/MobileNode") {}
        TclObject* create(int, const char*const*) {
                return (new MobileNode);
        }
} class_mobilenode;


/*
 *  PositionHandler()
 *
 *  Updates the position of a mobile node every N seconds, where N is
 *  based upon the speed of the mobile and the resolution of the
topography.
 *
 */

void
PositionHandler::handle(Event*)
{
      Scheduler& s = Scheduler::instance();

#if 0
      fprintf(stderr, "*** POSITION HANDLER for node %d (time: %f)
***\n",
            node->address(), s.clock());
#endif
      /*
       * Update current location
       */
      node->update_position();

      /*
       * Choose a new random speed and direction
       */
#ifdef DEBUG
        fprintf(stderr, "%d - %s: calling random_destination()\n",
                node->address_, __PRETTY_FUNCTION__);
#endif
      node->random_destination();

      s.schedule(&node->pos_handle, &node->pos_intr,
               node->position_update_interval);
}
```

```
/*
======================================================================
=
   Mobile Node

======================================================================
= */

MobileNode::MobileNode(void) :
      Node(), pos_handle(this), namChan_(0)
{
      X = 0.0; Y = 0.0; Z = 0.0; speed = 0.0;
      dX=0.0; dY=0.0; dZ=0.0;
      destX=0.0; destY=0.0;

        // address_ = MobileNodeIndex++;
      random_motion_ = 0;
      base_stn_ = -1;
      T = 0;

      position_update_interval = POSITION_UPDATE_INTERVAL;
      position_update_time = 0.0;

      LIST_INSERT_HEAD(&nodehead, this, link);  // node list
      LIST_INIT(&ifhead_);                      // interface list
      bind("X_", &X);
      bind("Y_", &Y);
      bind("Z_", &Z);
      bind("speed_", &speed);
      // bind("position_update_interval_",
&position_update_interval);
}


int
MobileNode::command(int argc, const char*const* argv)
{
      Tcl& tcl = Tcl::instance();

      if(argc == 2) {
            if(strcmp(argv[1], "start") == 0) {
                   start();
                  return TCL_OK;
            }
            if(strcmp(argv[1],"distance")==0) {
            double dist = distance(this);
            tcl.resultf("%f",dist);
            return TCL_OK;
            }

      //Tcl& tcl = Tcl::instance();

            // if(strcmp(argv[1], "id") == 0) {
//                tcl.resultf("%d", address_);
//                return TCL_OK;
//          }

            if(strcmp(argv[1], "log-movement") == 0) {
#ifdef DEBUG
```

```
                    fprintf(stderr,
                            "%d - %s: calling
update_position()\n",
                            address_, __PRETTY_FUNCTION__);
#endif

                update_position();
                log_movement();
              return TCL_OK;
        }
        if(strcmp(argv[1], "log-energy") == 0) {
              log_energy(1);
              return TCL_OK;
        }
        }
    else if(argc == 3) {
            if(strcmp(argv[1], "radius") == 0) {
                    radius_ = strtod(argv[2],NULL);
                    return TCL_OK;
            }
            if(strcmp(argv[1], "namattach") == 0) {
                    Tcl& tcl = Tcl::instance();
                    int mode;
                    const char* id = argv[2];
                    namChan_ = Tcl_GetChannel(tcl.interp(),
(char*)id,
                                                        &mode);
                    if (namChan_ == 0) {
                            tcl.resultf("trace: can't attach %s
for writing", id);
                            return (TCL_ERROR);
                    }
                    return (TCL_OK);
            }
        if(strcmp(argv[1], "random-motion") == 0) {
              random_motion_ = atoi(argv[2]);
              return TCL_OK;
        }
        else if(strcmp(argv[1], "addif") == 0) {
              WirelessPhy *n = (WirelessPhy*)
TclObject::lookup(argv[2]);
              if(n == 0)
                    return TCL_ERROR;
              n->insertnode(&ifhead_);
              n->setnode(this);
              return TCL_OK;
        }
        else if(strcmp(argv[1], "topography") == 0) {
              T = (Topography*) TclObject::lookup(argv[2]);
              if(T == 0)
                    return TCL_ERROR;
              return TCL_OK;
        }
        else if(strcmp(argv[1], "log-target") == 0) {
              log_target = (Trace*) TclObject::lookup(argv[2]);
              if(log_target == 0)
                    return TCL_ERROR;
              return TCL_OK;
        }
        else if (strcmp(argv[1],"base-station") == 0) {
```

```
                //base_stn_ = (MobileNode*)   return
Node::command(argc, argv);
}

        if (!log_target) return;

      Scheduler& s = Scheduler::instance();

      sprintf(log_target->buffer(),
            "M %.5f %d (%.2f, %.2f, %.2f), (%.2f, %.2f), %.2f",
            s.clock(), address_, X, Y, Z, destX, destY, speed);
      log_target->dump();
}
```

Et enfin, on a écrit plusieurs scripts de simulation, dont voici un extrait ci-dessous qui vont faire appel à plusieurs scénarios et donner en résultat des fichiers trace, qu'on a utilisés pour faire le tracé des graphes.

```
 #
# A wireless lan scenario with VBR and CBR video traffics and audio
traffic over udp
#
#

set num_nodes          7            ;#Number of nodes in the scenario
set endtime            20.0           ;#End of the simulation
set beacon_period      0.500          ;#Period of the beacon frames
set hcca_duration      0.49           ;# 0.49 to test almost
completely FHCF or the Standard HCF
                                       # 0.001 to test EDCF
set std 1                            ;# 1 to use the Standard HCF
scheme (draft 802.11e)
                                       # 0 to use FHCF (default)

#Audio flows - priority 6
set a 6                               ;#Number of audio flows
set pktaudio 160                      ;#Packet size of the audio flows
set startaudio 0.0                    ;#Starting time of the audio
flows

   #EDCF parameters
PHY_MIB set CWMin_6            7
PHY_MIB set CWMax_6            15
PHY_MIB set CWOffset_6         2

   #QoS requirements for the audio flows
TSPEC set MaxSI_6 50000               ;#Max required SI
TSPEC set MSDUSize_6 $pktaudio        ;#Packet size
TSPEC set DataRate_6 64000            ;#Sending rate of the audio
encoder (max sending rate)

#VBR H.261 video traffic - priority 5
set b 6                               ;#Number of VBR flows
set pktvideoVIC 660                   ;#Mean packet size of the VBR
flows
set startVBR  0.0                     ;#Starting time of the VBR flows

   #EDCF parameters
PHY_MIB set CWMin_5            15
PHY_MIB set CWMax_5            31
```

```
PHY_MIB set CWOffset_5        2

    #QoS requirements for the VBR flwos
TSPEC set MaxSI_5 100000
TSPEC set MSDUSize_5 $pktvideoVIC     ;#Mean packet size obtained by
analysing the trace files
TSPEC set DataRate_5 200000           ;#Mean data rate obtained by
analysing the trace files

#CBR MPEG4 traffic - priority 4
set c 6                               ;#Number of CBR flows
set pktvideoCBR 800                   ;#Packet size of the CBR flows
set periodCBR  2                      ;#Period of the CBR MPEG4 flows
(in ms)
set startCBR   0.0                    ;#Starting time of the CBR flows

   #EDCF parameters
PHY_MIB set CWMin_4           15
PHY_MIB set CWMax_4           31
PHY_MIB set CWOffset_4        2

    #QoS requirements for the CBR flows
TSPEC set MaxSI_4 100000
TSPEC set MSDUSize_4 $pktvideoCBR
TSPEC set DataRate_4 [expr $pktvideoCBR * 8 *1000 / $periodCBR]

proc create_scenario { } {
    global ns_ node_ AP_ title_
    global endtime
    global pktaudio pktvideoCBR pktvideoVIC
    global a b c
    global startaudio startVBR startCBR
    global periodCBR

#Audio traffic
    for {set i 1} {$i <= $a} {set i [expr $i + 1]} {
      set V($i)        [new Application/Traffic/Exponential]
      set V_src($i)      [new Agent/UDP]
      set V_sink($i)     [new Agent/UDP]

      $V($i) attach-agent $V_src($i)
      $V($i) set  packetSize_  $pktaudio
        $V($i) set      burst_time_ 400ms
        $V($i) set      idle_time_ 600ms
      $V($i) set  rate_ [expr ($pktaudio*8)/20]k

      $V_src($i) set    packetSize_ $pktaudio
      $V_src($i) set    class_ $i
      $V_src($i) set    prio_ 6

      $ns_ attach-agent $AP_ $V_sink($i)
      $ns_ attach-agent $node_($i) $V_src($i)
      $ns_ connect $V_src($i) $V_sink($i)

      puts "Audio flow $i from Node $i to AP"
    }


#VBR H.261 video traffic
    for {set i 1} {$i <= $b} {set i [expr $i + 1]} {
```

```
      set V_src([expr 10 + $i])      [new Agent/UDP]
      set V_sink([expr 10 + $i])     [new Agent/UDP]

        $V_src([expr 10 + $i]) set fid_ 1
        $V_sink([expr 10 + $i]) set fid_ 1

      $V_src([expr 10 + $i]) set     class_ [expr 10 + $i]
      $V_src([expr 10 + $i]) set     prio_ 5

      $ns_ attach-agent $AP_ $V_sink([expr 10 + $i])
      $ns_ attach-agent $node_($i) $V_src([expr 10 + $i])
      $ns_ connect $V_src([expr 10 + $i]) $V_sink([expr 10 + $i])


      set original_file_name($i) vic.QCIF.30fps.[expr 7 - $i]
      set trace_file_name($i) video$i.dat
      set original_file_id($i) [open $original_file_name($i) r]
      set trace_file_id($i) [open $trace_file_name($i) w]
      set last_time 0

      while {[eof $original_file_id($i)] == 0} {
          gets $original_file_id($i) current_line

          if {[string length $current_line] == 0 ||
            [string compare [string index $current_line 0] "#"] == 0}
{
            continue
          }

          scan $current_line "%d%s%d" next_time type length
          set time [expr 1000*($next_time-$last_time)]
          set last_time $next_time
          puts -nonewline $trace_file_id($i) [binary format "II"
$time $length]
      }

      close $original_file_id($i)
      close $trace_file_id($i)

      # read the video trace file:

      set trace_file($i) [new Tracefile]
      $trace_file($i) filename $trace_file_name($i)

      set V([expr 10 + $i]) [new Application/Traffic/Trace]
      $V([expr 10 + $i]) attach-agent $V_src([expr 10 + $i])
      $V([expr 10 + $i]) attach-tracefile $trace_file($i)
      puts "VBR H.261 video flow [expr 10 + $i] from Node [expr
$i+$a] to AP"

    }

#CBR MPEG4 traffic
    for {set i 1} {$i <= $c} {set i [expr $i + 1]} {

      set V([expr 20+$i])            [new Application/Traffic/CBR]
      set V_src([expr 20 + $i])      [new Agent/UDP]
      set V_sink([expr 20 + $i])     [new Agent/UDP]

      $V([expr 20+$i]) set           random_ 0
```

```
        $V([expr 20 + $i]) set          packetSize_ $pktvideoCBR
        $V([expr 20 + $i]) set          interval_ [expr
$periodCBR]ms
        $V_src([expr 20 + $i]) set  packetSize_ $pktvideoCBR
      $V_src([expr 20 + $i]) set    class_ [expr 20 + $i]
      $V_src([expr 20 + $i]) set    prio_ 4
      $ns_ attach-agent $node_($i) $V_src([expr 20 + $i])
      $ns_ attach-agent $AP_ $V_sink([expr 20 + $i])
      $ns_ connect $V_src([expr 20 + $i]) $V_sink([expr 20 + $i])
      $V([expr 20 + $i]) attach-agent $V_src([expr 20 + $i])
      puts "CBR MPEG 4 video flow [expr 20+$i] from Node [expr
$i+$a+$b] to AP"

    }

    ##########################################################
    # Start time, nature of simulation


    for {set j 1} {$j <= $b} {set j [expr $j + 1]} {
      $ns_ at $startVBR "$V([expr $j +10]) start"
    }

    for {set j 1} {$j <= $c} {set j [expr $j + 1]} {
      $ns_ at $startCBR "$V([expr $j +20]) start"
    }

    for {set j 1} {$j <= $a} {set j [expr $j + 1]} {
      $ns_ at $startaudio     "$V($j) start"
    }


    set phy_bw [Mac/802_11 set bandwidth_]
    set retries [MAC_MIB set ShortRetryLimit_]
    set pqlim [Queue/DropTail set pqlim_]
    set title_ "set title \"VBR, CBR video and audio flows in each
node\""
}
```

5.4. Paramètres de simulation

A travers les différentes étapes de la simulation, plusieurs métriques de performances seront évaluées :

- **La perte de paquets** : Correspond aux octets perdus lors de la transmission des paquets. S'exprime en taux de perte. Plutôt rare.
- **Le délai de transit (latence)** : C'est le délai de traversée du réseau, d'un bout à l'autre, par un paquet. Les différentes applications présentes sur ce réseau n'auront pas le même degré d'exigence en fonction de leur nature : faible, s'il s'agit d'une messagerie électronique ou de fichiers échangés, ce degré d'exigence sera fort s'il s'agit de donnés "voix". La latence dépend du temps de propagation (fonction du type de média de transmission), du temps de traitement (fonction du nombre d'équipements traversés) et de la taille des paquets (temps de sérialisation).
- **La gigue** : Désigne les variations de latence des paquets. La présence de gigue dans les flux peut provenir des changements d'intensité de trafic sur les liens

de sorties des routeurs. Plus globalement, elle dépend du volume de trafic et du nombre d'équipements sur le réseau.

- **La bande passante :** Il existe deux modes de disponibilité de la bande passante, en fonction du type de besoin exprimé par l'application. Le mode "burst" est un mode immédiat, qui monopolise toute la bande passante disponible (lors d'un transfert de fichier par exemple). Le mode "stream" est un mode constant, plus adapté aux fonctions audio/vidéo ou aux applications interactives.

- Nombre de paquets rejetés ou ***Dropped packets*** : taux de rejet des paquets à chaque instant ;
- Charge du réseau ;
- Le nombre total de paquets reçus, envoyés et rejetés;
- Le nombre total de paquets reçus, envoyés et rejetés, dans un nœud particulier comme un AP;
- Le débit d'envoi des paquets ;
- Le débit de transmission des flux audio, vidéo VBR, et vidéo CBR ;
- Le temps de collision total ;
- Le temps non utilisé total (idle time).

5.5. Analyse des performances de DCF vs EDCA

Pour évaluer les performances de DCF et EDCA, on a utilisé la topologie illustrée par la Figure 5.1et 5.2, on a considéré qu'il n'y avait pas de mobilité des stations, la couche PHY 802.11b a été utilisé et chaque station a transmis trois types de trafic (audio, vidéo et data) entre elles. Les paramètres MAC d'EDCA et DCF sont listés dans les Tables 5 et 6. On a augmenté la charge du réseau, en augmentant le nombre de STAs de 0 à 6. Les stations sont disposées d'une manière aléatoire dans le champ de portée de l'AP auxquelles elles sont attachées, pour le mode infrastructure, et dans la portée les unes des autres de manière à avoir des stations relais, pour le mode ad hoc. Il n'y a pas de station cachée. Ceci est possible dans NS, car il est doté d'un module pour positionner et faire mouvoir les stations aléatoirement, à des moments aléatoires, dans des directions aléatoires et avec des vitesses aléatoires. Ceci est utilisé dans toutes les simulations suivantes.

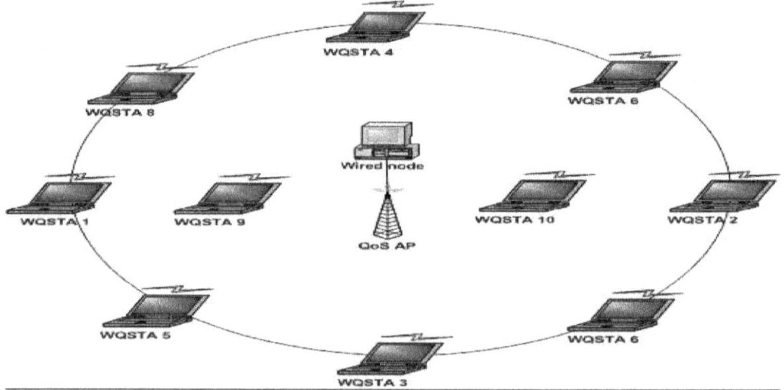

Figure 5.1: Topologie de Simulation utilisé pour EDCA

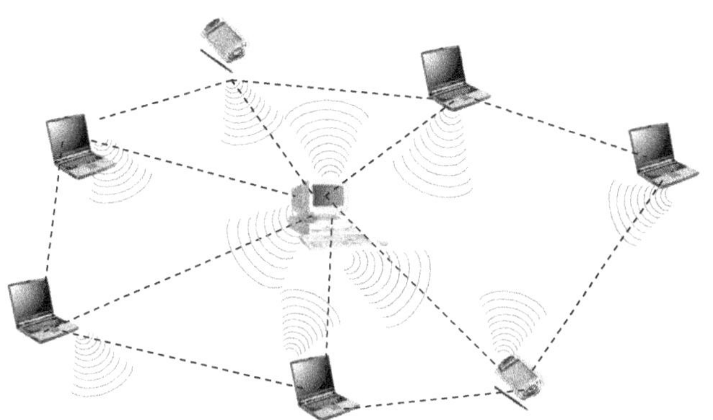

Figure 5.2: Topologie de Simulation utilisé pour DCF

Parameters	Audio PCM	Vidéo MPEG4	Vidéo VBR	Data
CWmin	7	15	15	31
CWmax	15	31	31	1023
AIFSN	1	1	2	2
Packet Size (Bytes)	160	1280	660	1600
Packet Interval (ms)	20	16	26	12.5
Sending Rate (KB/s)	8	80	25	128

Tableau 5.1: Paramètres d'EDCA

SIFS	16µs	MAC header	28bytes
DIFS	34µs	PLCP header length	4µs
ACK size	14bytes	Preamble length	20µs
PHY rate	11Mbps	CWmin	15
Slot time	9µs	WCmax	1023

Tableau 5.2: Paramètres de DCF

5.5.1 Discussion des résultats de simulation

Les Figures 5.3 et 5.4 montrent les résultats de simulation des deux protocoles DCF et EDCA, dont la bande passante et la latence en fonction du temps. On peut voir que le débit moyen des trois flux par STA reste stable et suffisant tant que la charge du réseau ne dépasse pas les 70%. A la 25ème seconde, après avoir dépassé les 70% de charge du réseau, tous les débits chutent brutalement pour DCF, mais pas pour EDCA. Et on a pu noter qu'il y a un grand nombre de paquets perdus pour DCF, et un petit nombre pour EDCA. On remarque aussi que la latence est faible pour tous les flux, et qu'à la 25 ème seconde, les latences des trois flux augmentent de manière significative pour DCF, et seulement la latence des flux data pour EDCA.

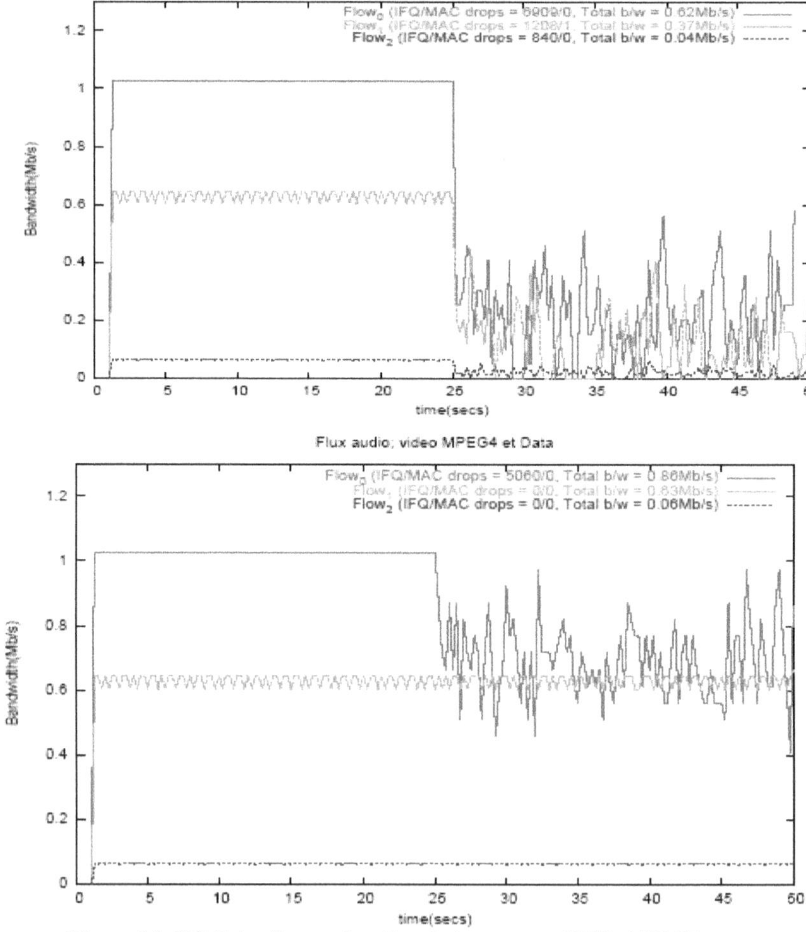

Figure 5.3: Débit des flux en fonction du temps pour DCF et EDCA

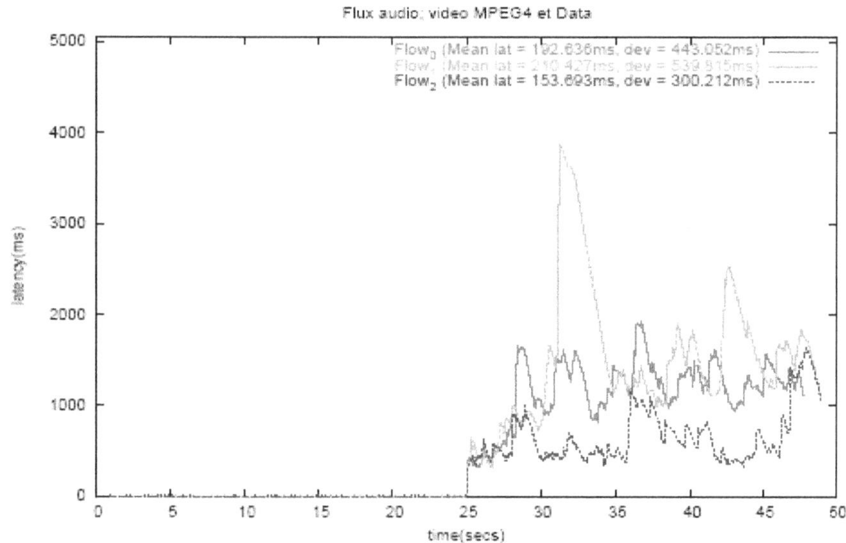

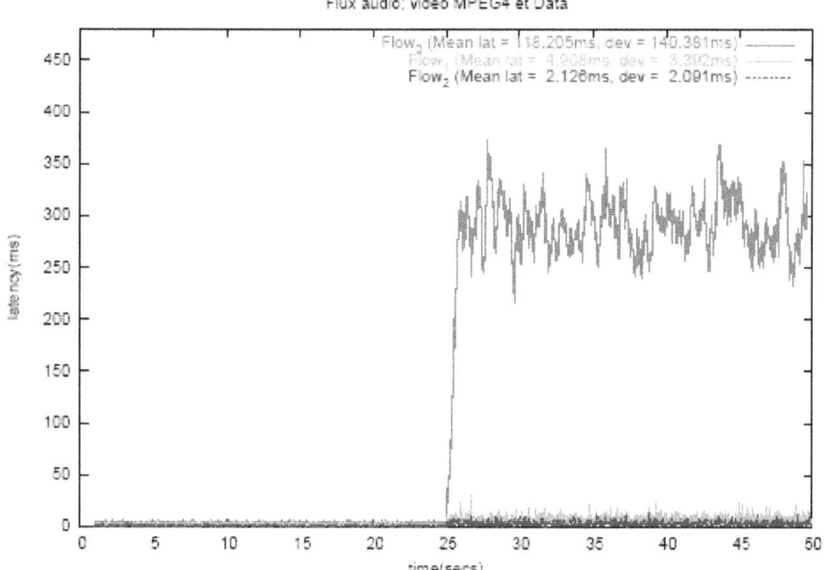

Figure 5.4: Latence des flux en fonction du temps pour DCF et EDCA

5.6. Analyse des performances de EDCA vs HCCA

Les Figures 5.5 et 5.6 montrent les avantages de HCCA par rapport à EDCA, on a donc utilisé une topologie avec 13 STAs (STA 0 étant l'AP), six STAs transmettent chacune un flux audio, et six autres transmettent un flux vidéo (CBR MPEG4) à l'AP.

5.6.1. Discussion des résultats de simulation

On remarque que la charge du réseau (D) est stable et distribué sur toutes les STAs pour HCCA, ce qui n'est pas vrai pour EDCA, où D fluctue trop rapidement, ce qui indique une mauvaise répartition de la bande passante. Pour EDCA, la latence de tous les flux audio augmente tout doucement avec l'augmentation de la charge du réseau, alors que celle des flux vidéo augmente brutalement. Pour HCCA, l'évolution de la latence en fonction du temps est la même pour tous les flux.

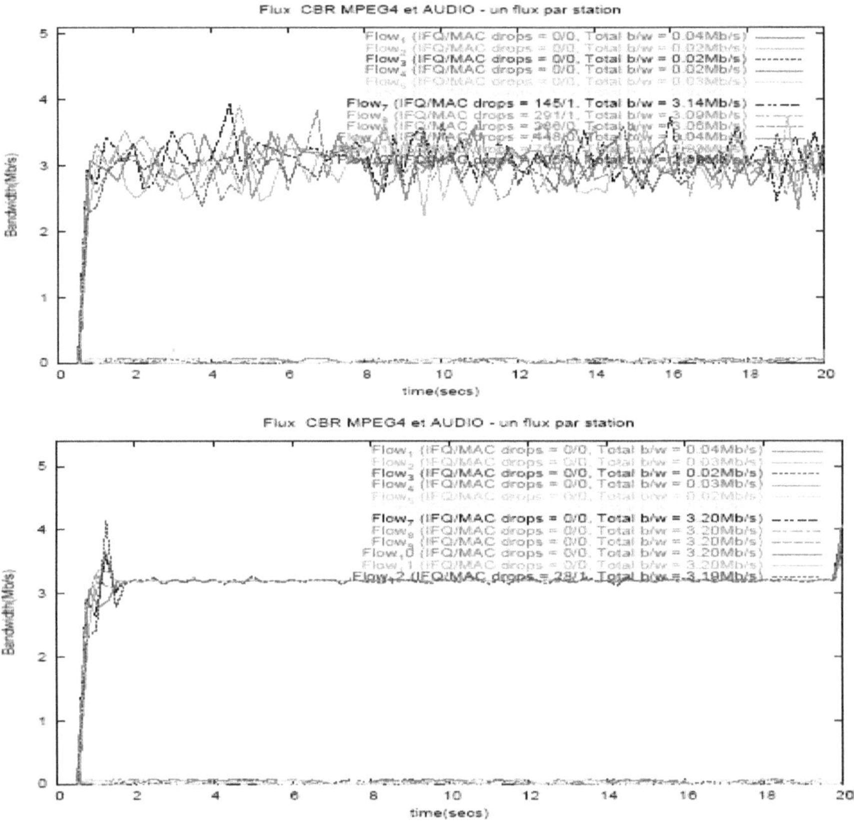

Figure 5.5 : Débit des flux pour EDCA et HCCA

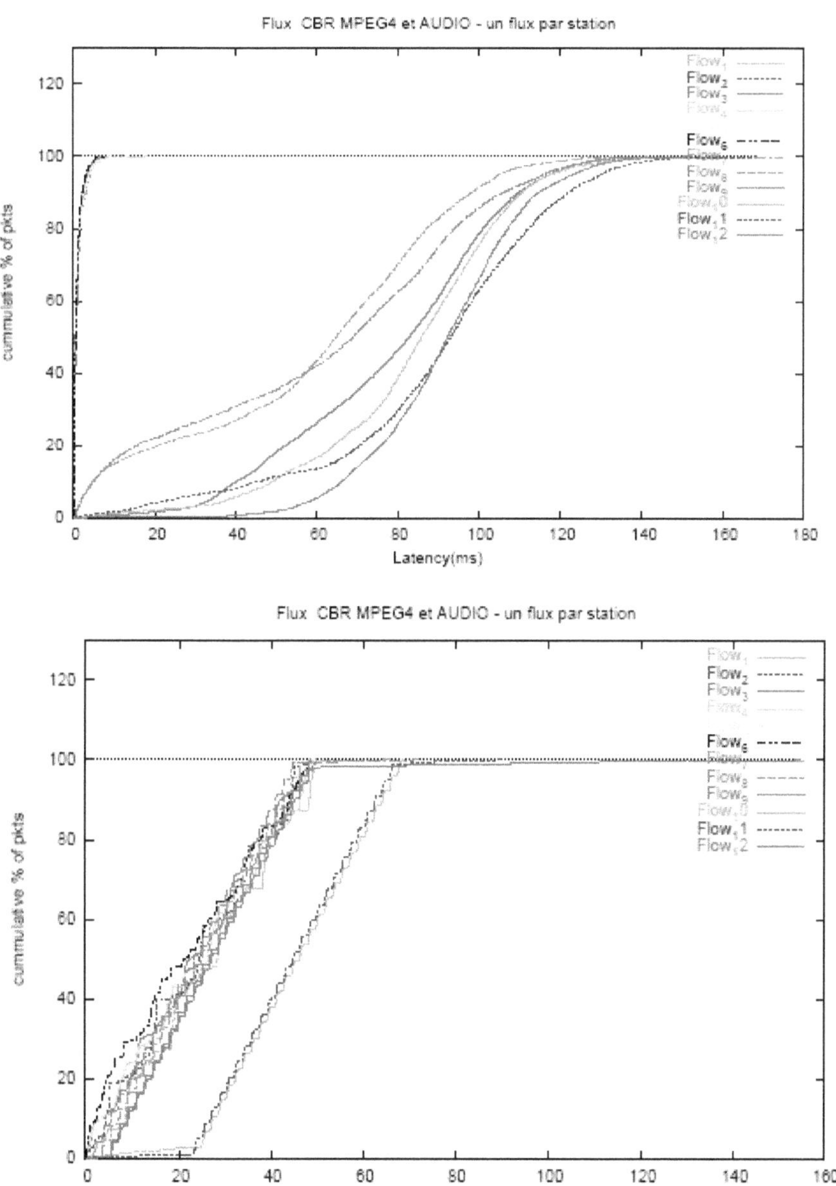

Figure 5.6: Charge du réseau en fonction de la latente pour EDCA et HCCA

La Figure 5.7 montre cependant les limites de HCCA par une simulation de 19 STAs (la STA 0 est l'AP) et les STA1 à STA6 transmettent un flux audio PCM (Pulse Code Mode) avec un temps inter arrivée de 4.7ms, une taille de paquet de 160octets, un débit de transmission de 64Kbps et une priorité de 6. Les STA7 à STA12 transmettent un flux vidéo VBR (Variable Bit Rate) avec un temps inter arrive de 26ms, une taille moyenne de paquet de 660octets, un taux de transmission de 200Kbits/s et une priorité de 5. Les STA13 à STA18 transmettent un flux vidéo MPEG4 CBR avec une période d'inter arrivée de 2ms, taille de paquet=800octets, débit de transmission de 3200Kbits/s et une priorité de 4. On remarque alors que la latence des flux VBR fluctue (Figure 5.7a) et augmente de manière dramatique, ce qui n'est pas le cas des autres flux. Ceci est du au fait que l'AP est incapable de faire une bonne estimation des tailles des files d'attente.

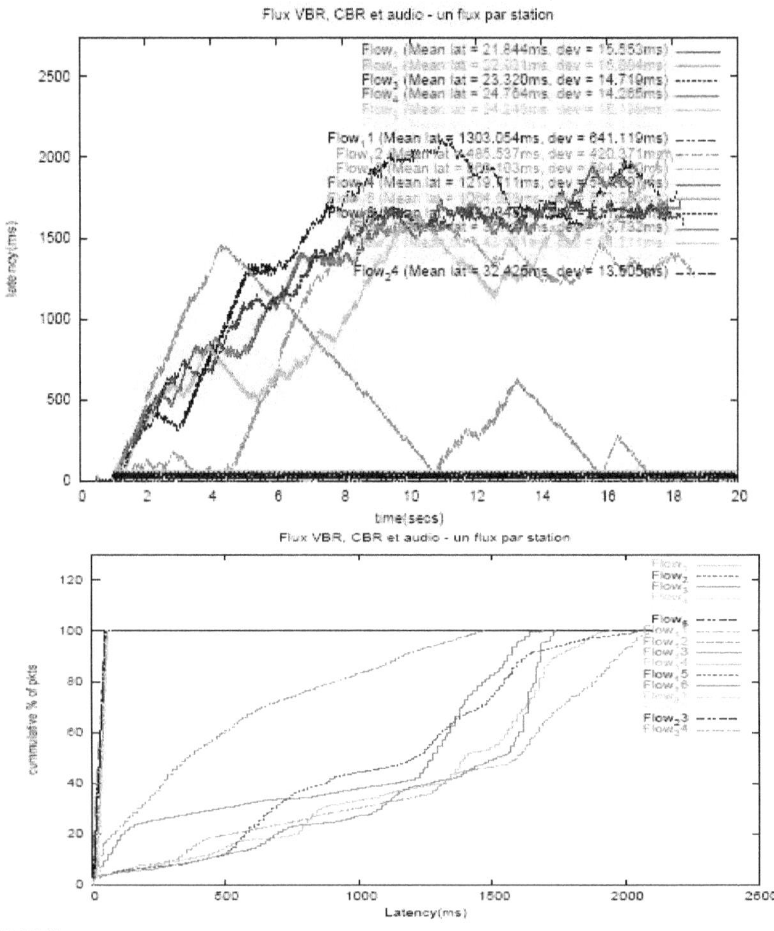

Figure 5.7: Latence et évolution de la latence pour HCCA

5.7. Analyse des performances des stations du réseau 802.11 en situation de handover et roaming

Pour simuler la mobilité des STAs, on a utilisé un IBSS de sept STAs mobiles (numéro 0 à 6) pour le mode ad hoc en utilisant le protocole DCF, et les STAs 3 et 4 comme on le voit dans la Figure 5.8 bougent, tout en restant dans la zone de couverture du même point d'accès, c-à-d ne changent pas de cellule. Un autre réseau avec deux AP (deux BSS) de 13 noeuds, STAs 0 à 5 sont des STAs fixes et connectées aux deux AP numéro 6 et 7. On a aussi cinq STAs mobiles numérotées de 8 à 12, toutes bougent en changeant de BSS (roaming), comme on le voit dans la Figure 5.9. On a utilisé des communications de flux data et les scénarios sont résumés dans le tableau 5.3 pour la première topologie et le tableau 5.4 pour la deuxième topologie.

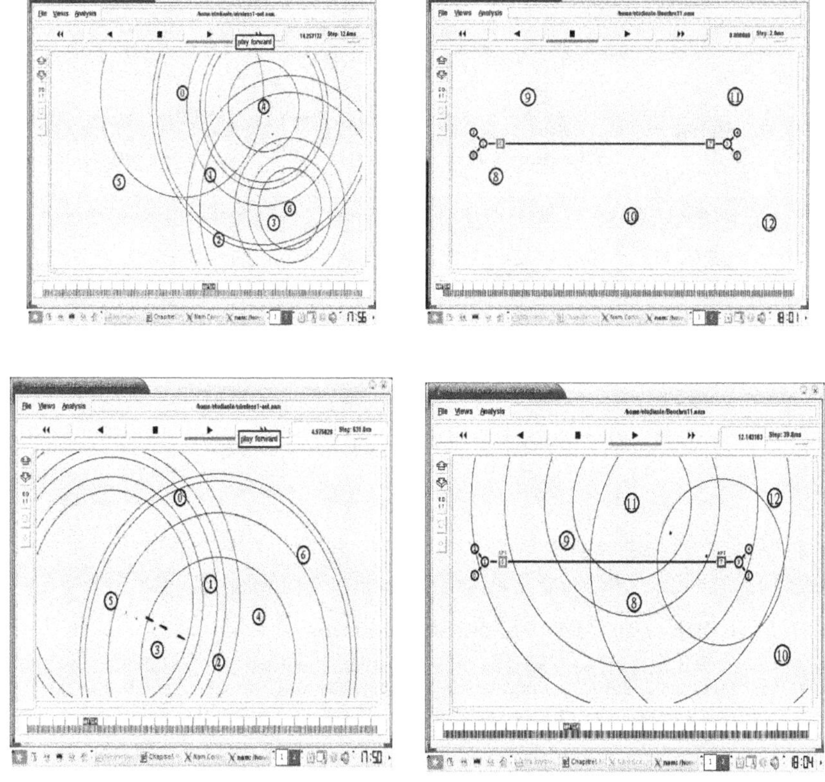

Figure 5.8 : Topologies du réseau simulé

Commu nication	Début de Communication	Fin de la Communication	Trans proto	Type de Communications
5 à 2	4,12	13,12	TCP	Directe
1 à 4	7,00	17,00	UDP	Directe
6 à 0	10,02	14,12	TCP	Station 4 relais
6 à 2	16,00	20,00	UDP	Directe
4 à 5	18,00	24,00	UDP	Directe
3 à 6	20,02	30,00	TCP	Directe puis à 24s, STA 1 relais

Tableau 5.3 : Scénario pour la topologie 1

La taille maximale et moyenne des paquets a été de 10 000octets et 512 octets respectivement, le temps moyen inter arrivée est de 0,05s.

Communication	**Début de la communication**	**Fin de la communication**	**Protocole utilisé**	**Type de Communication**
1 à 8	**0,02s**	**4,12s**	**TCP**	**En utilisant AP6**
4 à 11	**5,15s**	**20,15s**	**TCP**	**En utilisant AP7, et à la 12,45ème s, relais parAP6 Roaming**
5 à 12	**14,1s**	**35,0s**	**UDP**	**En utilisant AP7**
3 à 9	**21,0s**	**35,0s**	**UDP**	**En utilisant AP7, puis relais par AP6 Roaming**

Tableau 5.4 : Scénario pour la topologie 2

5.7.1. Discussion des résultats de simulation

La Figure 5.9a, qui représente la somme cumulative de tous les paquets envoyés et reçus par le réseau, montre une nette différence entre le nombre de paquets envoyés et reçus par le réseau, chose qui indique l'existence d'un fort taux de perte des paquets du à une mauvaise prise en charge du mouvement des stations. La Figure 5.9b, qui représente le débit d'envoi des paquets (paquets par s), montre que pour les deux périodes entre 14-16s et 24-26s, il y a une chute brutale du débit, correspondant aux déplacements des stations 6 et 3 et l'utilisation de stations relais, mais de manière inefficace puisqu'il y a pratiquement des coupures de transmission avant que le relais se fasse correctement. La Figure 5.9c, qui représente la somme cumulative des paquets perdus (dropped) en montre une augmentation rapide, suivie par une stabilisation, puis une augmentation nette correspondant à une surcharge de la station 4, qui relaie les paquets de la station 6, tout en transmettant ses propres paquets. Une période stable entre 14,12 et 24s, est suivie à la 24ème seconde par un grand nombre de paquets détruits, correspondant à deuxième relais inefficace. Ceci est confirmé par la Figure 5.9d qui montre la variation du nombre de paquets rejetés au niveau de la station émettrice 6, qui augmente de manière exponentielle, car ses paquets doivent être relayé par la station 4, qui elle-même à des paquets à transmettre, d'où la perte grandissante des paquets. La Figure 5.10a montre la somme cumulative de tous les paquets envoyés et reçus par le réseau, en mode infrastructure, qui augmente linéairement puis se stabilise, la différence entre les deux graphes indique qu'il y a un grand nombre de paquets perdus pendant les transmissions des stations en roaming. La Figure 5.10b indique une chute du débit en deux points, qui correspondent aux instants du roaming des STAs. Chose confirmée par la Figure 5.10c. Quant aux Figures 5.10d, e, f, et g correspondant aux sommes cumulatives de tous les paquets envoyés, reçus et perdus par l'AP7 et l'AP6 respectivement, montrent que pour le l'AP6, le nombre de paquets envoyés et reçus est le même, car il n'en a perdu aucun, ce qui n'est pas le cas de l'AP7, qui a un grand nombre de paquets perdus. Ceci est du à la surcharge entraînée par le changement de BSS. Donc, on peut dire que le roaming et les déplacements des STAs ne se font pas sans dommage et dans de bonnes conditions. Chose qui peut s'expliquer par le fait que si une station en train de transmettre, doit en plus relayer les paquets d'une autre station, peut se retrouver en état de saturation et donc va détruire des paquets. Ce qui est aussi valable pour les AP, s'il est en train de travailler à charge maximale, et qu'il doit en plus accepter de s'associer à une nouvelle station en phase de roaming, il ne pourra pas satisfaire correctement ses exigences en termes de bande passante, d'où les pertes de paquets. Ceci nous conforte dans l'idée de faire un contrôle d'admission, dans le but de mieux gérer les ressources et donc même garder un certain pourcentage comme 10% spécialement réservées pour les stations en roaming.

On a aussi remarqué que le protocole TCP n'est pas adapté aux communications sans fil, du fait de la perte de temps induite par l'établissement des connexions, ce qui n'est pas le cas pour le protocole UDP.

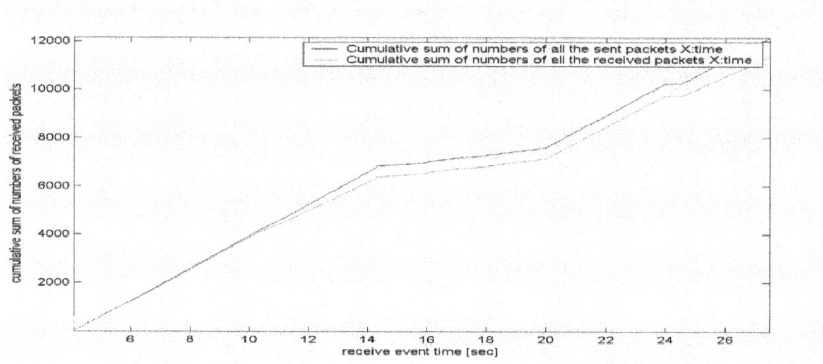

a : Somme cumulative de tous les paquets envoyés et reçus par le réseau

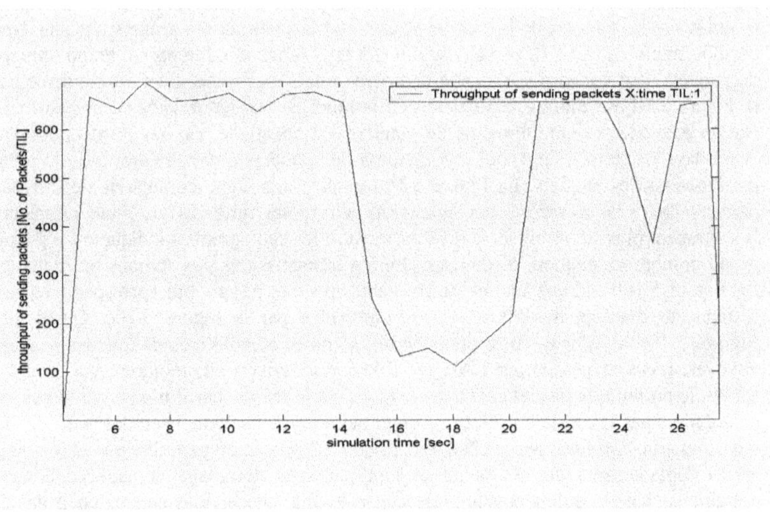

b : Débit d'envoi des paquets vs le temps de simulation

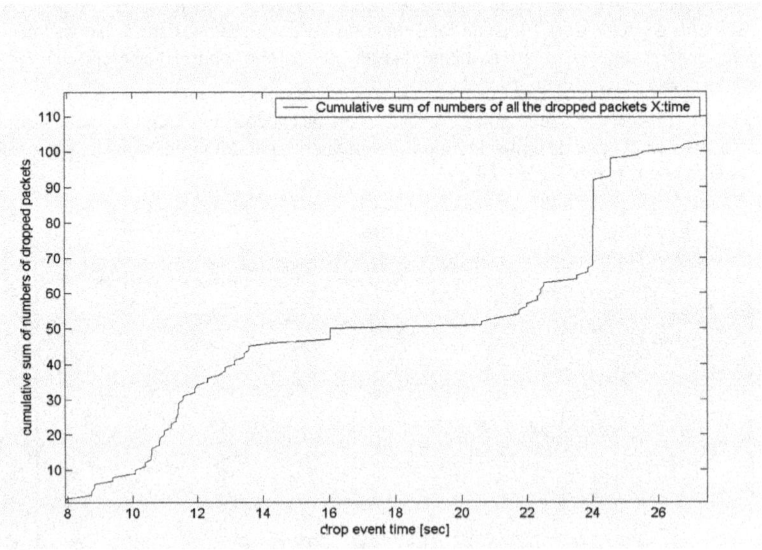

c : Somme cumulative de tous les paquets rejetés par le réseau

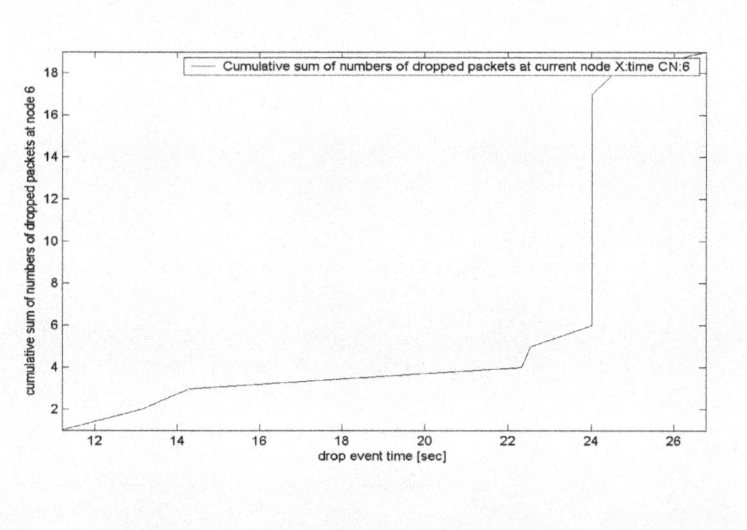

d : Somme cumulative de tous les paquets rejetés par la station 6

Figure 5.9 : Résultats de simulation de la topologie 1 (stations en mouvement)

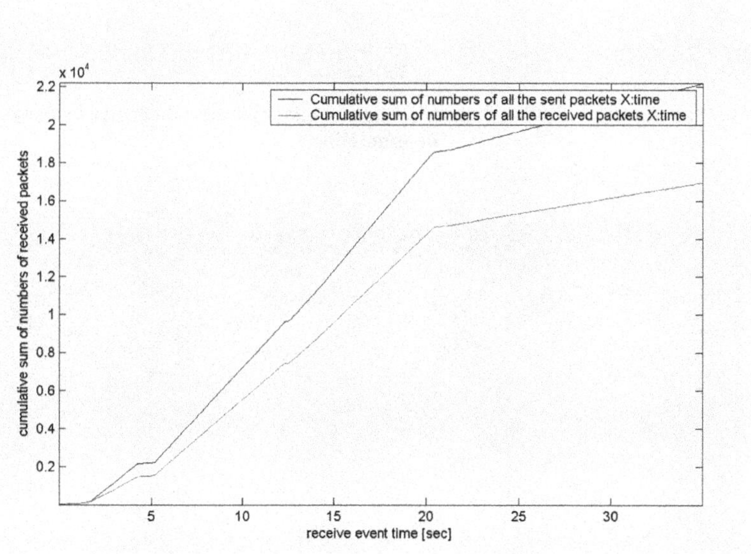

a : Somme cumulative de tous les paquets envoyés et reçus par le réseau

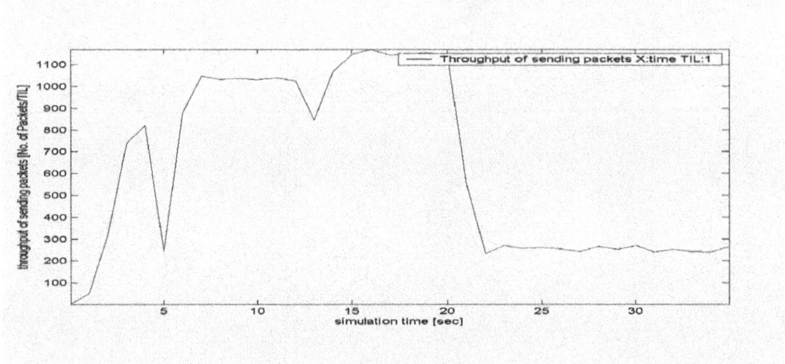

b : Débit total d'envoi des paquets vs le temps de simulation

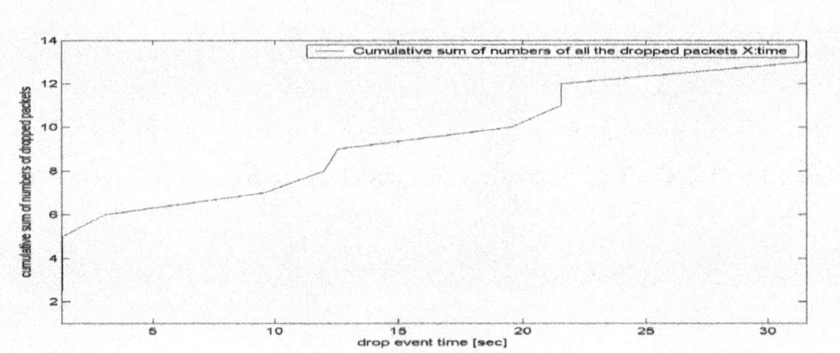

c : Somme cumulative du nombre de paquets rejetés par le réseau vs temps de simulation

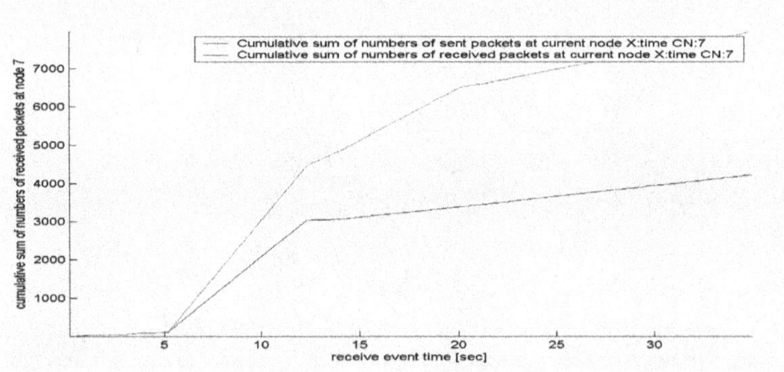

d : Somme cumulative du nombre de paquets envoyés, reçus par l'AP7 vs le temps de simulation

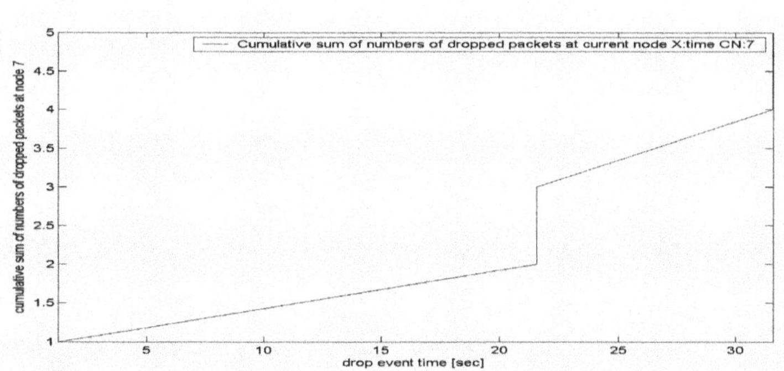

e : Somme cumulative de paquets rejetés par l'AP 7 vs le temps de simulation

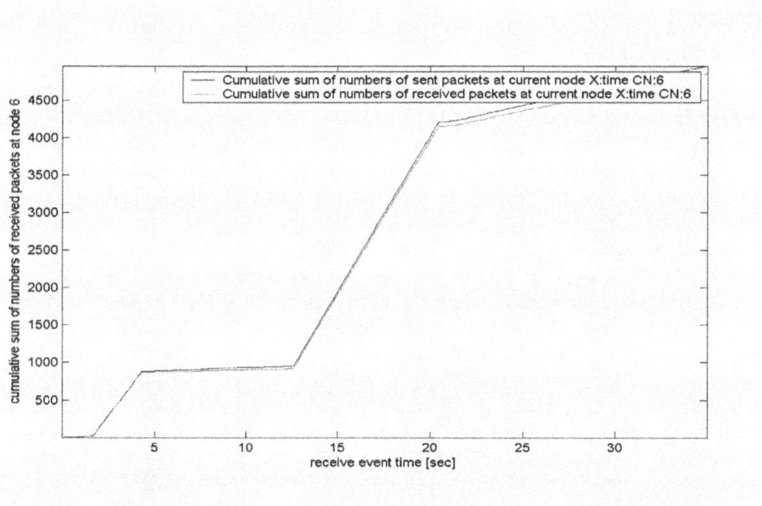

f : Somme cumulative du nombre de paquets envoyés, reçus par l'AP6 vs le temps de simulation

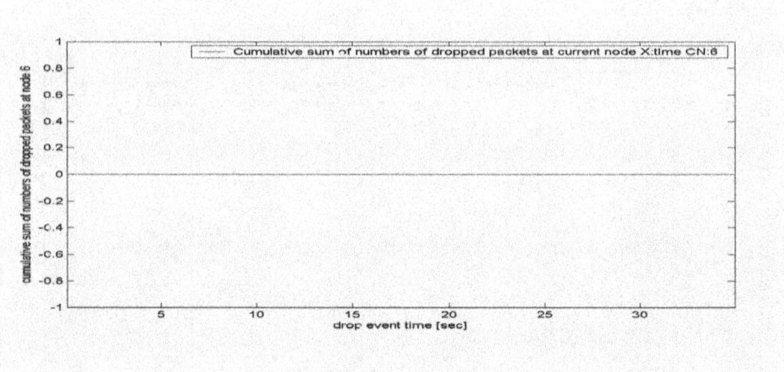

g : Somme cumulative de paquets rejetés par l'AP 6 vs le temps de simulation

Figure 5.10 : Résultats de Simulation de la topologie 2 (stations en roaming)

5.7.2. Conclusion

Les résultats de simulation montrent que le protocole DCF peut seulement supporter le service best-effort, et pas de QoS, toutes les STAs appartenant au même BSS concourent pour accéder au canal et aux ressources avec la même priorité. Il n'y a aucune différentiation pour garantir la bande passante, le délai et la jitter pour les STAs prioritaires ou les flux multimédia. EDCA est un meilleur choix pour les trafics à haute priorité, mais il lèse les trafics moins prioritaires dans le cas de charge élevée du réseau, et mène à un taux de collision élevé. Cependant, quand la charge du canal atteint 70%, le débit audio et vidéo commence à chuter, ce qui indique qu'un contrôle d'admission est nécessaire pendant les hautes charges. HCCA a un désavantage flagrant, le fait que l'AP n'estime pas efficacement la taille des files d'attente des STAs, ce qui provoque une iniquité entre les flux à haute priorité. La seconde partie des simulations démontre que le roaming et les déplacements des stations ne se font pas de façon efficace, puisqu'il y a un grand nombre de pertes et de destructions de paquets. D'autre part le Protocole TCP n'est pas bien adapté aux communications sans fil, ce qui n'est pas le cas d'UDP qui est mieux adapté.

5.8. Analyse des performances de HCCA, FHCF vs PRCW

différentes simulations ont été conduites pour comparer les performances de notre algorithme PRCW avec FHCF et HCCA. Nous avons considéré les mêmes paramètres (voir Tables 5.5 et 5.6) pour les trois algorithmes, excepté pour les valeurs des fenêtres de contention de PRCW qui changent.

Nous avons employé une topologie de 19 stations, avec un AP, et sans aucun déplacement des stations. Le scénario utilise 6 flux audio, 6 flux vidéo VBR et 6 flux vidéo CBR entre les stations afin d'analyser la QoS de chaque trafic.

Paramètres	Audio	Vidéo CBR	Vidéo VBR	Data
CWmin	7	15	15	31
CWmax	15	31	31	1023
AIFSN	2	2	2	2
Taille De Paquet (Bytes)	160	800	660	1600
Intervalle entre 2 Paquet (ms)	20	2	26,4	12.5
Taux de transmi (KB/s)	8	400	25	128
MaxSI(ms)	50	50	100	-

Tableau 5.5 : Les paramètres QoS des flux

SIFS	16μs	MAC header	28bytes
DIFS	34μs	PLCP header length	4μs
ACK size	14bytes	Preamble length	20μs
PHY rate	36Mbps	802.11MAC Header Data Frame Length in bytes	30
Slot time	9μs	Short and Long Retry Limit	7 , 4

Tableau 5.6 : Les Paramètres du réseau

5.8.1. Discussion des résultats de simulation

Les paramètres de QoS principaux pour le trafic de voix est bien connu: le temps de transfert du paquet de la voix, la variation du temps de transmission ou la gigue et le taux de perte des paquets [165]. Afin de préserver la qualité de la voix perçue par l'utilisateur final, les valeurs maximales généralement admises pour ces paramètres dans des connexions de bout en bout, au-dessus d'un réseau IP sont de 150 ms pour le temps dans un seul sens, quelques millisecondes pour la gigue, et 3% de paquets perdus [165].

Cependant, parce que le WLAN représente seulement le dernier saut dans une connexion de bout en bout, nous avons décidé de choisir des valeurs plus rigoureuses. En conséquence, nous considérons 50 ms comme valeur acceptable maximale pour le temps de transfert dans un seul sens, au-dessus du WLAN. Pour l'analyse des performances du trafic vidéo, il faut faire remarquer que des algorithmes adaptatifs largement déployés, sont employés du côté du récepteur, dans le but d'atténuer la valeur possiblement grande de la latence (jitter) pour les paquets vidéo. Pour cette raison, de tels flux ne sont en général pas sensibles au temps, comme le sont les flux vidéo interactifs, telle que la vidéoconférence. Cependant, même ces algorithmes adaptatifs sont inutiles en cas de dégradation forte du débit de transmission. Pour cette raison, quand on a fait l'évaluation des résultats de simulation, nous nous sommes concentrés plus sur la garantie de débit des applications vidéo, que sur leur temps de transfert et gigue, particulièrement pour le cas de la vidéo haute qualité.
Les algorithmes FHCF et PRCW répondent correctement aux besoins de QoS des flux, mais PRCW est plus performant que FHCF et HCCA. Par exemple dans la figure 5.11a nous notons que le débit total est plus grand pour PRCW que pour FHCF et HCCA, parce que nous employons la vraie valeur des débits de transmission au lieu de la valeur minimale. Le nombre de collisions (Figure 5.11k) est moins pour PRCW que pour les deux autres algorithmes. Le taux d'utilisation du canal (Figure 5.11l) de PRCW est meilleur que les deux autres, parce que PRCW réagit à la congestion par l'augmentation des paramètres CWmin des flux « best effort » comme les data. La Figure 5.11b montre que avec les trois algorithmes, la gigue maximale du flux audio est majoré par le SI choisi (égale à 50*ms*), mais notre algorithme performe mieux. Dans la Figure 5.11i, nous notons que pour FHCF et HCCA, entre 0 s et 1.5 s, la gigue du trafic CBR vidéo excède 160ms tandis que le maxSI devrait être égal à 50ms, excepté pour notre algorithme; considérant que pour HCCA, certains flux peuvent ne pas avoir leurs paramètres de QoS satisfaits. Par exemple, le temps pour les flux VBR sont complètement incontrôlable (voir Figure 5.11e) parce que les longueurs de file d'attente augmente nettement pendant certaines périodes de temps. Notons que le temps de transmission maximum de HCCA peut être contrôlé si les *TXOP* sont assignés selon le taux maximum de transmission des flux VBR. Dans ce cas-ci, moins de flux avec HCCA qu'avec PRCW et FHCF peuvent être acceptés.
Les Figures 5.11c, 5.11f and 5.11j montrent que les flux vidéo et audio ont leurs besoins en débit satisfait; en fait dans le cas de FHCF nous obtenons une valeur maximale de 400 Kbps pour le flux CBR, 8 Kbps pour le flux audio et 25 Kbps pour le flux VBR. L'algorithme PRCW réalise une meilleure performance, mais nous notons que HCCA ne satisfait pas les besoins en débit du flux VBR, qui est un paramètre critique. Les Figures 5.11c, 5.11f et 5.11g montrent que PRCW améliore les performances du trafic VBR, par rapport aux autres algorithmes.

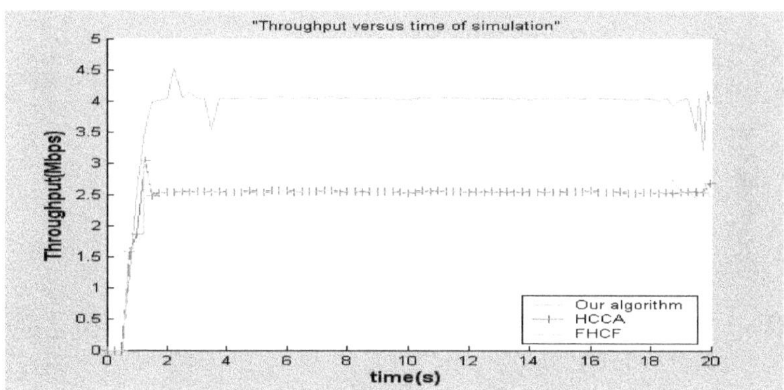

a: Le débit total de transmission en fonction du temps de simulation

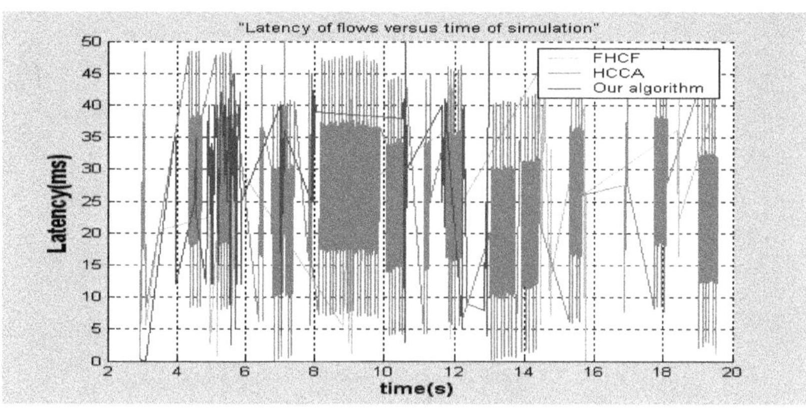

b: La gigue Audio en fonction du temps de simulation

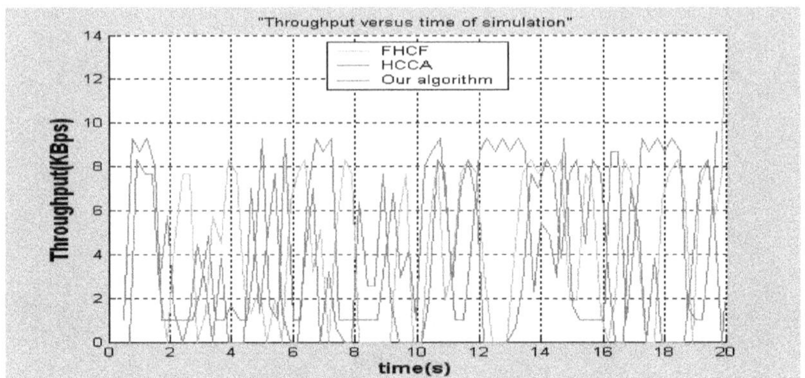

c: Le débit Audio en fonction du temps de simulation

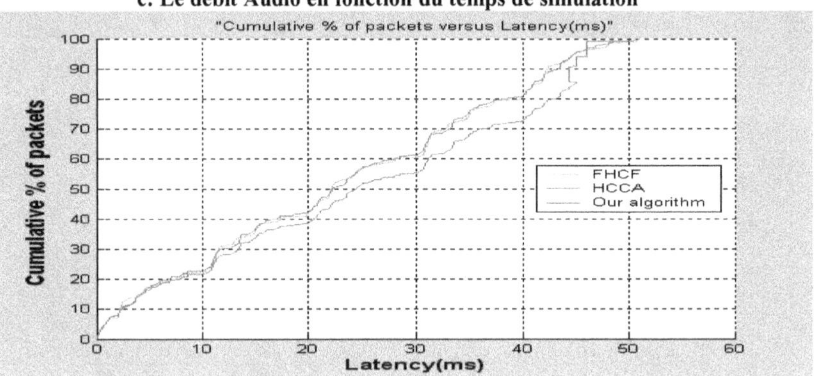

d: La somme cumulative des paquets Audio en fonction de la gigue

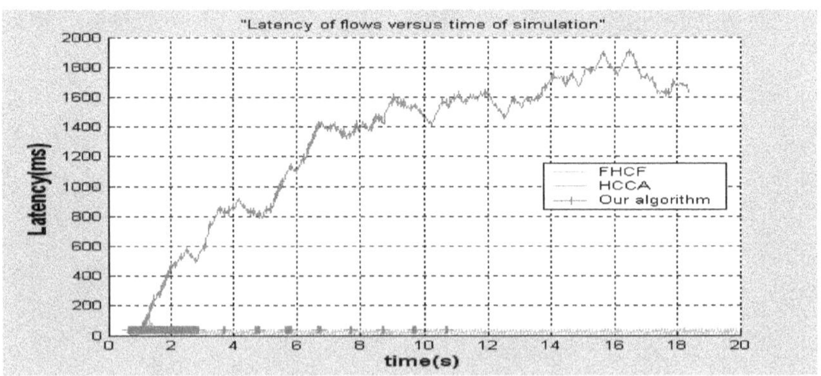

e : La gigue VBR en fonction du temps

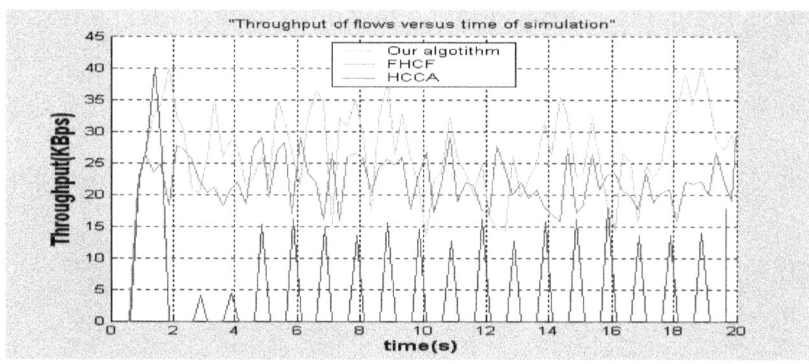

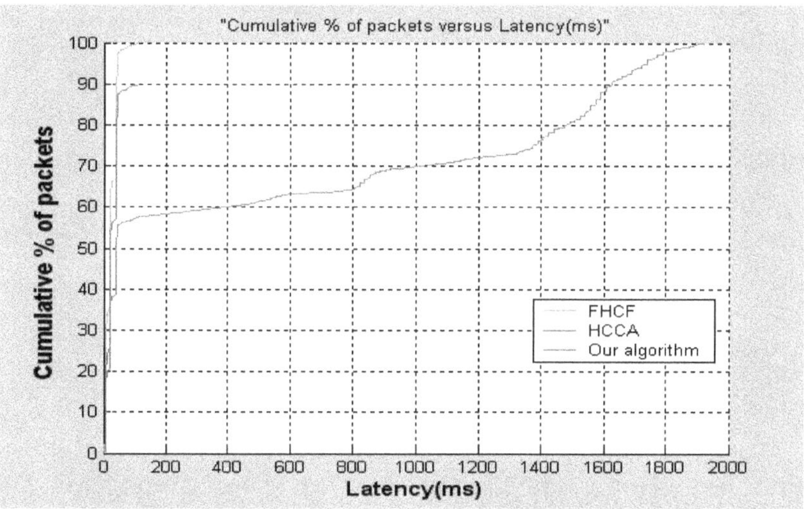

g: Somme Cumulative de paquets VBR en fonction de la gigue

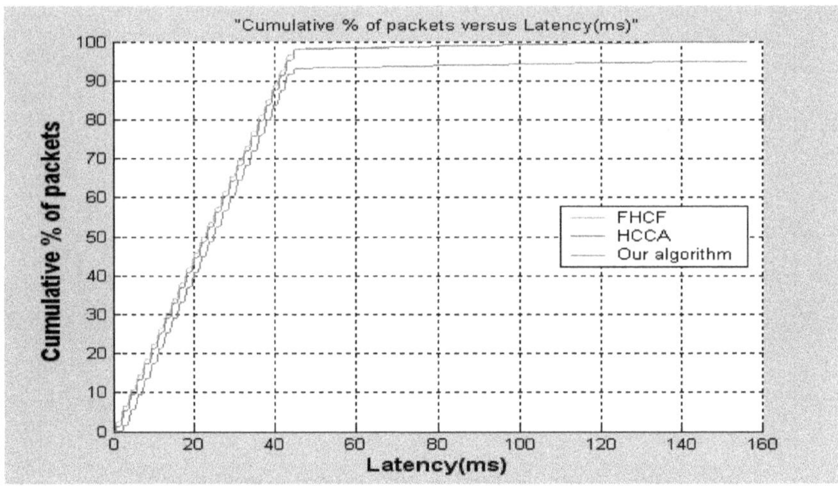

h: Somme Cumulative de paquets CBR en fonction de la gigue

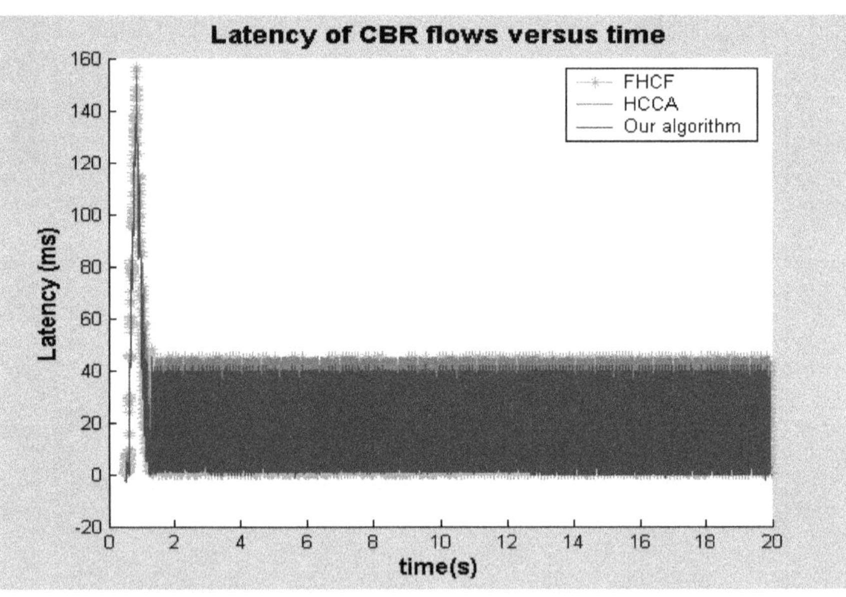

i: La gigue CBR en fonction du temps

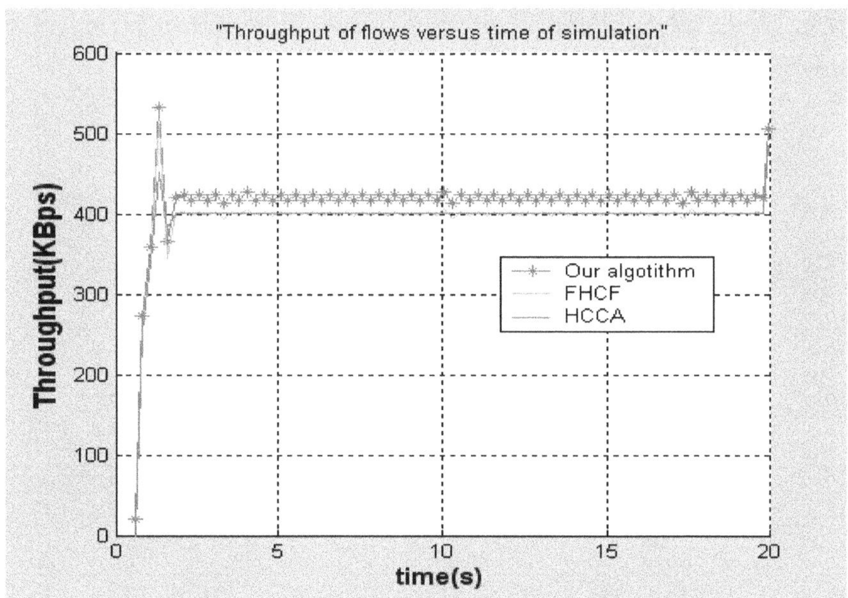

j: Le débit CBR en fonction du temps

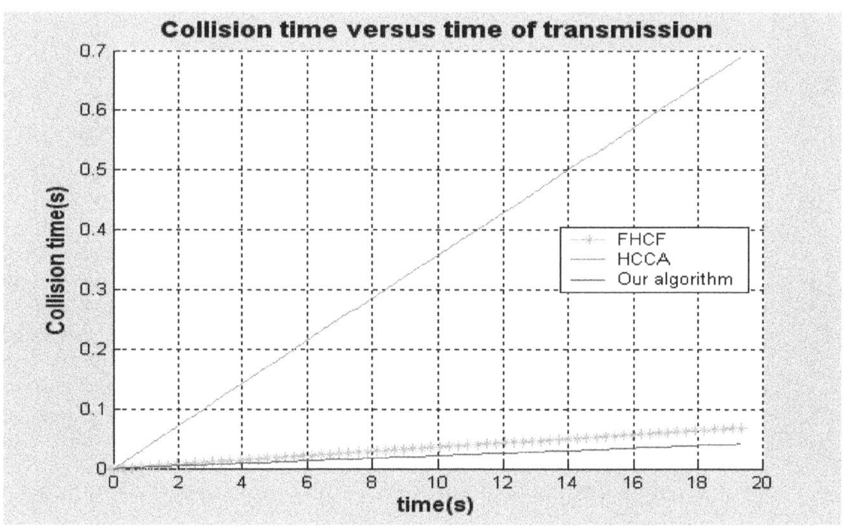

k: Le temps de Collision en fonction du temps de simulation

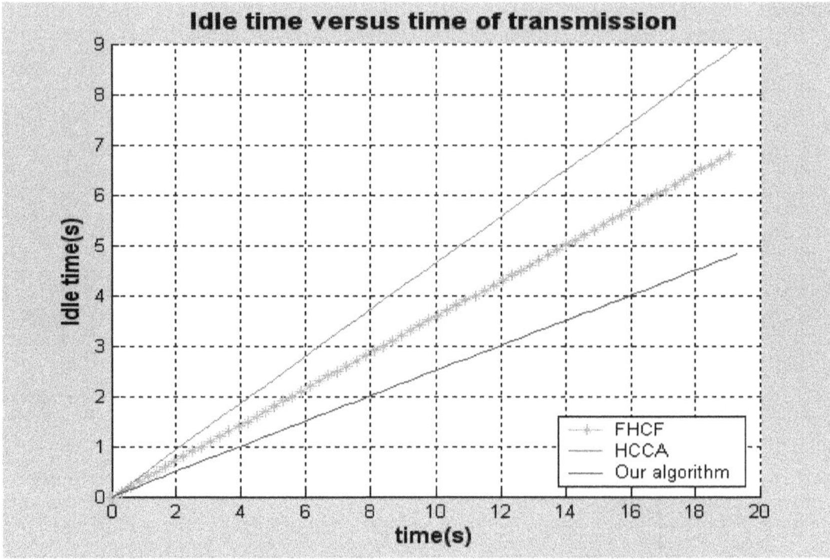

Figure 5.11 : Résultats de Simulation de PRCW, FHCF et HCCA

5.8.2. Conclusion

Dans cette partie, nous avons proposé un algorithme dynamique de contrôle d'admission pour les WLAN 802.11 appelé PRCW qui vise à garantir les besoins en QoS de flux multimédia. Nous avons illustré par la simulation que notre algorithme performe mieux que les algorithmes FHCF et HCCA, en termes de paramètres de QoS des flux audio et vidéo aussi bien du type VBR que CBR. En plus, le nombre de collisions a diminué, ainsi le canal est plus efficacement utilisé par PRCW. Par la suite, nous avons l'intention d'analyser l'impact de la mobilité sur les performances de notre algorithme, en considérant des scénarios avec des stations en mouvement dans les deux configurations d'infrastructure (une cellule (Basic Service Set (BSS)), deux cellules reliées ensemble BSSs), et la configuration Ad Hoc (une BSS indépendante (IBSS) et deux IBSSs).

5.9. Analyse des performances de PRCW en situation de handover et roaming

Comme nous l'avons vu précédemment, le handover ou le roaming entre deux cellules en mode ad hoc ou infrastructure ne se passe pas sans la perte de plusieurs paquets, chose qui pourrait être inadmissible pour des flux avec des exigences de QoS. Ce qui nous a amené à intégrer dans notre algorithme de contrôle d'admission un petit mécanisme qui va nous permettre de toujours garder un certain pourcentage des ressources, disponibles pour les cas de stations en handover ou roaming. Donc lorsque l'AP a déjà alloué 90% de ses ressources, tout nouveau trafic sera refusé par l'AP, par l'intermédiaire du contrôleur des admissions. Le choix de la valeur du pourcentage à garder en réserve sera imposé par l'administrateur du réseau, qui décidera de l'augmenter à 20% selon que le nombre de stations en roaming ou handover est élevé, ou au contraire le diminuer à 5% selon que le nombre de stations en roaming ou handover est faible. Dans nos simulations, on a utilisé la valeur 10%, qui semble suffisante pour les scénarios utilisés, et qui sont les mêmes que ceux utilisés dans les simulations en 5.6. Ce principe est valable pour le mode ad hoc, sauf que c'est les stations qui doivent contrôler leurs ressources et faire en sorte de toujours en garder un pourcentage, pour relayer les paquets des stations lointaines et qui peuvent être nombreuses. D'où la valeur du pourcentage choisie à 20% au lieu de 10%, dans nos simulations, et pareil cette valeur peut être réadaptée par l'administrateur selon la situation réelle.

5.9.1. Discussion des résultats de simulation

Les résultats de simulation montrés dans les Figures 5.12 montrent une nette amélioration de la situation puisque le nombre de paquets rejetés permettant, de faire le roaming, s'annule. Et la station en roaming est prise en charge, c-à-d s'associe au nouvel AP bien avant de rentrer complètement dans sa nouvelle cellule.
En effet les Figure 5.12a et 5.12 e montrant la différence entre le nombre total de paquets envoyés et reçus par le réseau, aussi bien en mode ad hoc qu'en mode infrastructure, illustrent bien que cette différence a pratiquement disparu, dès lors qu'on a réservé des ressources pour les stations en mouvement, le restant de paquets perdus est du aux erreurs de transmission du canal et autre. Les Figures 5.12b et 5.12f, illustrant le débit total du réseau donné en paquets/s, respectivement en mode ad hoc et infrastructure, montrent une nette amélioration du débit par rapport aux résultats obtenus en 5.6, puisque nous n'avons plus les chutes de débit observées précédemment et un gain notable en débit, puisqu'il se stabilise en moyenne autour de 350 paquets/s en mode ad hoc et 800paquets/s en mode infrastructure. Les Figures 5.12c et g, montrant le nombre total de paquets rejetés par le réseau, respectivement en mode ad hoc et infrastructure, indiquent bien une nette diminution des paquets rejetés puisque son nombre a été divisé par trois pour le mode ad hoc et par deux pour le mode infrastructure, chose confirmée par les Figures 5.12d,h et i montrant le nombre de paquets rejetés par la station 6 intervenant dans un relais et l'AP7 intervenant dans un roaming, ou nous voyons bien que le taux de perte des paquets a bel et bien chuté de façon significative, améliorant ainsi la QoS des flux ayant une exigence en termes de taux de perte de paquets.

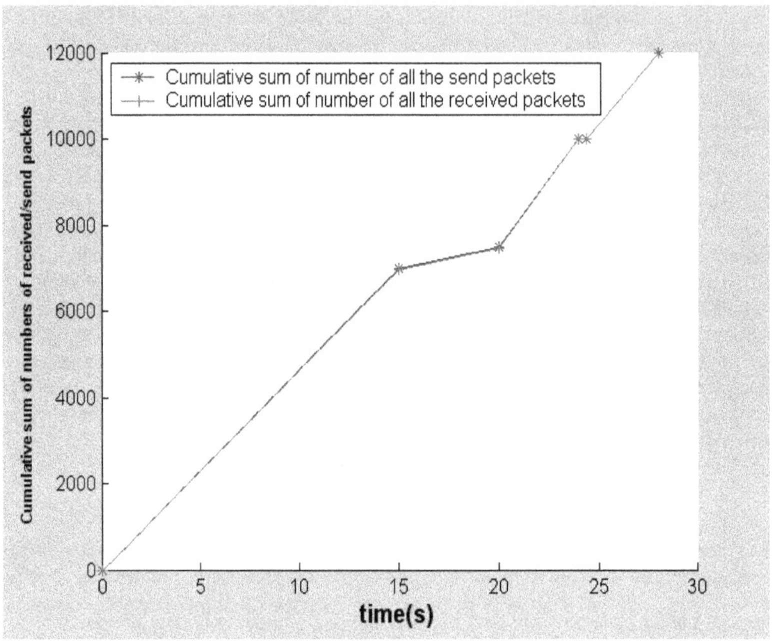

a : Somme cumulative de tous les paquets envoyés et reçus par le réseau en mode ad hoc

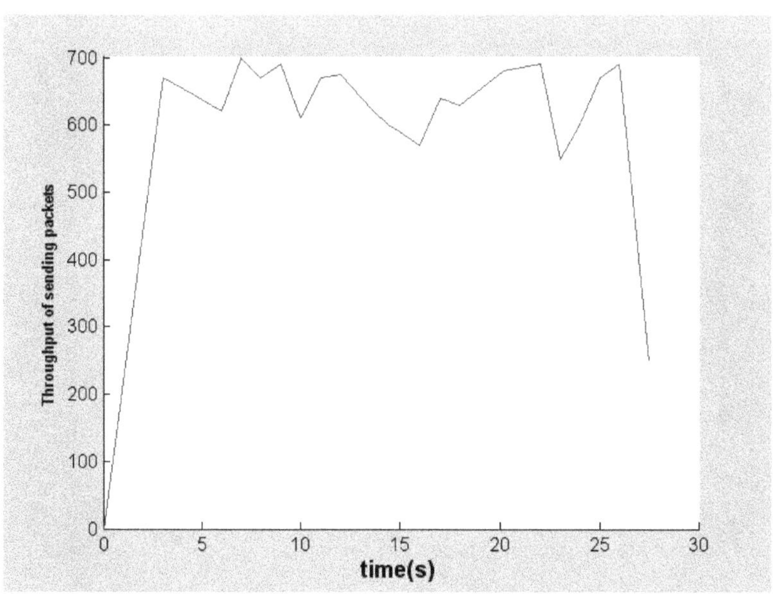

b : Débit de transmission des paquets du réseau en mode ad hoc

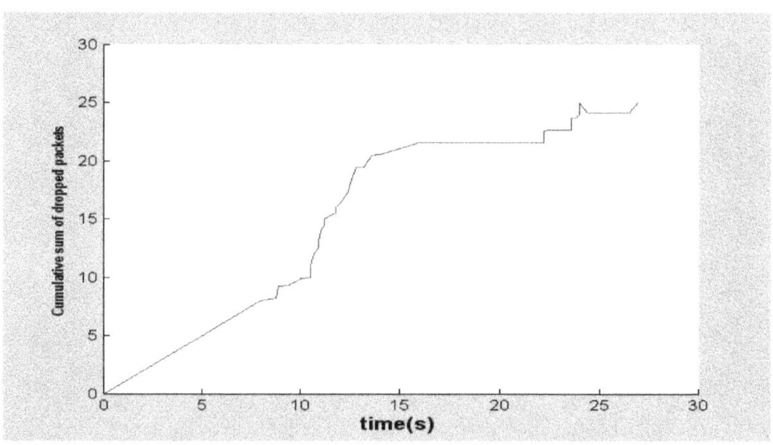

c : Somme cumulative des paquets rejetés par le réseau en mode ad hoc

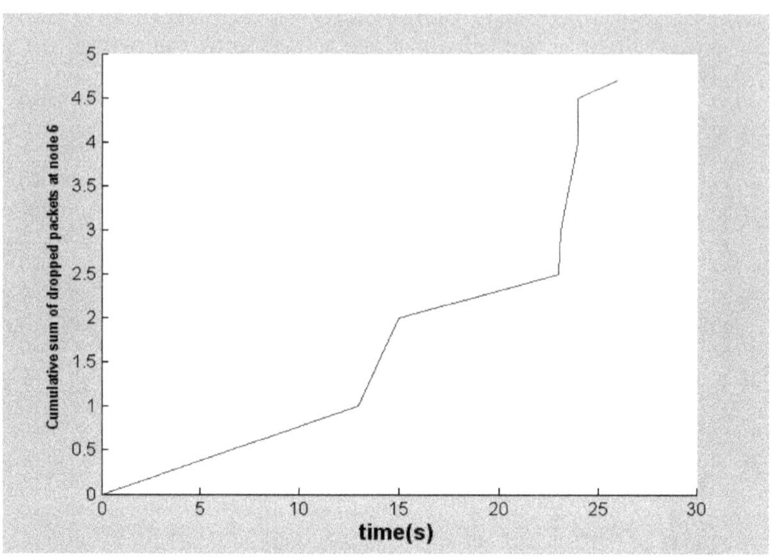

d : Somme cumulative des paquets rejetés par la station 6 en mode ad hoc

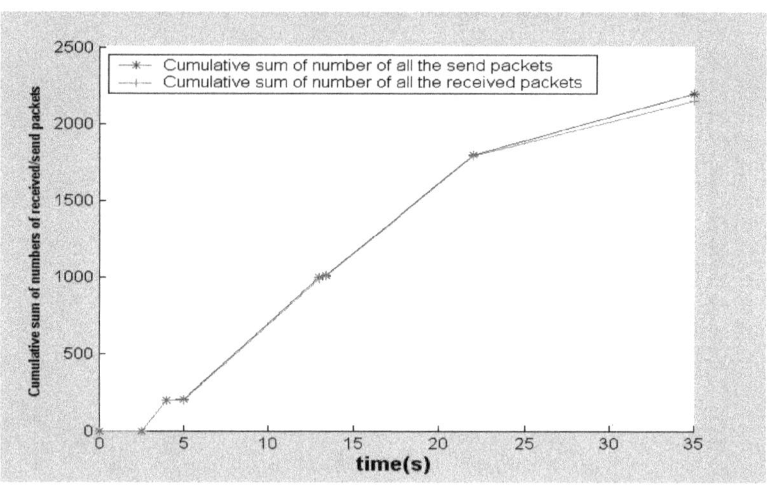

e : Somme cumulative des paquets envoyés et reçus par le réseau en mode infrastructure

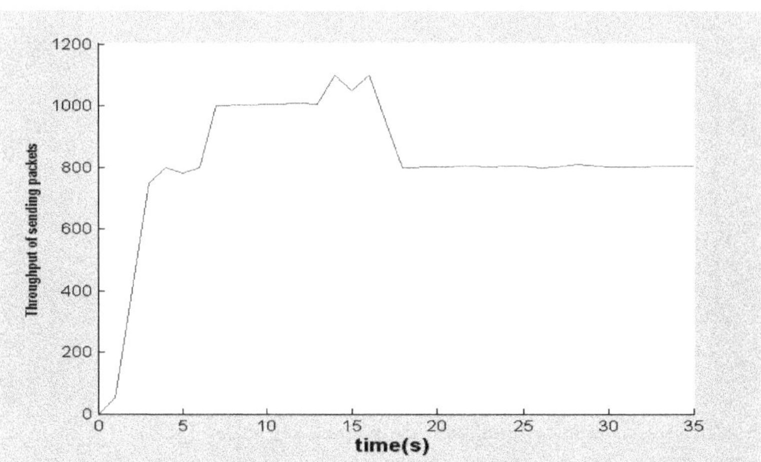

f : Débit de transmission des paquets du réseau en mode infrastructure

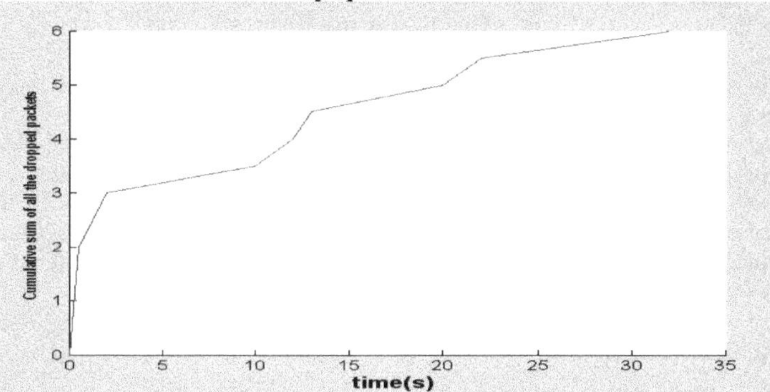

g : Somme cumulative des paquets rejetés par le réseau en mode infrastructure

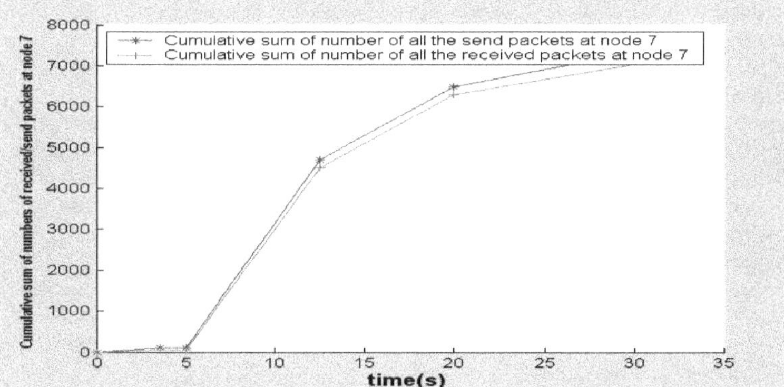

h : Somme cumulative de tous les paquets envoyés et reçus par l'AP 7

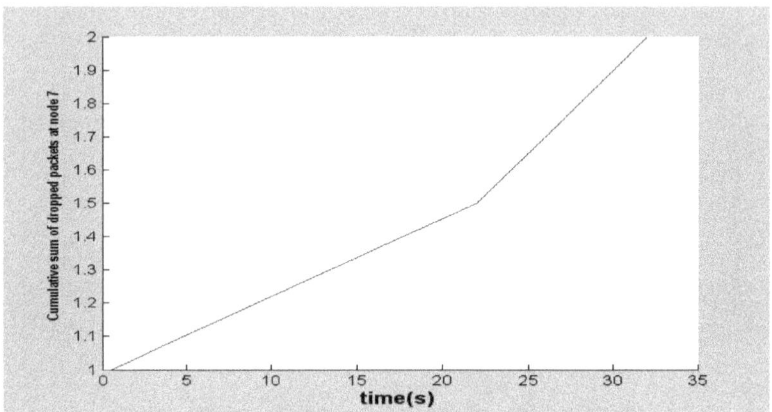

i : Somme cumulative des paquets rejetés par l'AP 7

Figure 5.12 : Résultats de simulation d'un réseau 802.11 en situation de handover et roaming

En conclusion, nous avons démontré, qu'en fait pour garantir la QoS des flux en mode normal ou en handover, la seule manière efficace de procéder est la réservation des ressources, en s'assurant que l'acceptation d'un nouveau flux ne va pas dégrader la QoS des flux déjà acceptés ou faire entrer le réseau dans un état de saturation. Donc si on veut garantir la QoS des flux, il faut contrôler qui entre, qui sort comment les ressources sont utilisées et est ce qu'il en reste suffisamment pour faire face aux roaming ou handover. Chose qui rentre très bien dans les fonctions d'un algorithme de contrôle d'admission.

5.10. Conclusion

Dans ce chapitre, nous nous sommes fixé comme objectif de proposer et valider un mécanisme de contrôle d'admission hybride, basé sur des mesures qui serviront à calculer le temps TXOP à allouer aux stations, selon des formules mathématiques simples, et donc permettre de décider s'il faut accepter ou rejeter un nouveau flux, en un temps de réponse très bref.
Dans cette partie nous nous sommes intéressés à l'étude du comportement de notre algorithme de contrôle d'admission dans différents scénarios d'usages : présence et/ou absence de différents types d'applications (voix, vidéo et données best effort). L'objectif fixé était de vérifier si le contrôle d'admission proposé pouvait assurer les besoins de QoS des applications multimédia. A partir des résultats obtenus, nous pouvons établir les conclusions suivantes :

1. Le contrôle d'admission proposé est capable d'assurer une bonne maitrise de la QoS des applications multimédia. Il effectue une bonne gestion des ressources et empêche le réseau de se retrouver dans un état de saturation qui pénaliserait les applications ayant des contraintes de QoS.
2. L'utilisation des paramètres EDCA suggérés par le standard 802.11e, permet de limiter l'impact des flux de données best effort sur l'admissibilité des applications multimédia dans le réseau.

3. Les applications voix sont très sensibles aux délais. L'introduction d'une station voix additionnelle lorsque l'on se rapproche de la saturation augmente les délais considérablement. Le contrôle d'admission prédit cette augmentation de délai indésirable et prend la décision de rejet. Ceci arrive plus précisément juste avant d'atteindre la région de saturation. On peut conclure donc, que pour respecter les contraintes de QoS de la voix, il faut faire fonctionner le réseau un peu avant la région de saturation.

4. Les applications vidéo ont un comportement un peu différent. Les délais restent acceptables et on peut atteindre le début de la région de saturation sans compromettre les contraintes de QoS de ce type d'applications. Ainsi, nous avons remarqué que dans la majorité des cas étudiés, l'admission des stations vidéo continue jusqu'à atteindre la capacité maximale du réseau.

5. La présence des flux de données actifs dans le réseau n'a pas influence sur l'admissibilité des applications temps réel et multimédia. Ceci est évident vue la configuration des paramètres par défaut d'EDCA et vue l'absence de contraintes de QoS liées aux flux de données dans notre étude. En plus du fait que, dans le cas ou le nombre de collisions augmente ou si le nombre de flux donnés augmente pour dépasser un seuil (et seulement si le nombre de collisions dépasse un seuil, pour ne pas affamer ce genre de flux et augmenter l'utilisation des ressources du réseau), notre proposition ajustera les paramètres CWmin de ces flux. Et une fois que leur nombre revient à la normale, on remettra les valeurs CWmin à leur valeur initiale.

Conclusion Générale et Perspectives

Actuellement, les réseaux IEEE 802.11 sont considérés comme une alternative sérieuse aux réseaux tout filaires pour l'accès à l'Internet. En effet, les nombreux avantages qu'offre cette technologie (rapidité de déploiement, réduction des coûts d'installation, mobilité, etc.) lui ont permis de s'imposer rapidement sur le marché. Ce monopole est conforté à la fois par l'augmentation continuelle du débit théorique de ces réseaux mais aussi par l'intégration d'une interface de communication 802.11 dans un large panel d'équipements (webcam, disque dure externe, casque audio, etc.) et de terminaux (téléphone mobile, PDA, laptop, etc.). Dans le contexte de la convergence de réseaux et de services vers le tout-IP, les réseaux d'accès 802.11 n'échappent pas à cette mouvance et sont de plus en plus sollicités pour la transmission de services IP, de voix et de vidéo, très exigeants en termes de qualité de service (QoS).

Si la QoS dans le cœur du réseau IP a été largement explorée durant ces dernières années, la QoS dans les réseaux d'accès reste un chantier ouvert qui commence à être

investi par la communauté de la recherche. La maitrise de la QoS dans les réseaux d'accès de type 802.11 nécessite une bonne compréhension des mécanismes d'accès, de leurs spécifications et de leurs performances. Cette compréhension constitue la clé qui permet de guider le réseau à assurer la performance désirée pour le support des applications temps réel et multimédia. Partant de cette compréhension, les travaux de cette thèse se sont focalisés sur la proposition d'un mécanisme pour la maitrise de la QoS pour les applications multimédia et temps réel dans les réseaux d'accès de type 802.11e, l'extension de la QoS des réseaux 802.11.

Dans ce qui suit, nous résumons les principales contributions qui ont été détaillées dans cette thèse et, enfin, nous introduisons quelques perspectives intéressantes qui peuvent être explorées dans de futurs travaux.

I. Principales contributions

L'objectif que nous nous sommes fixés dans cette thèse est la maitrise de la OoS dans les réseaux 802.11e. Pour atteindre cet objectif et après l'étude et l'analyse de l'état de l'art, un ensemble de verrous ont été identifiés. L'ensemble de solutions que nous avons proposées pour lever ces verrous constituent les principales contributions de cette thèse.

Notre contribution est la suivante :

- Simulation des protocoles DCF et EDCA pour comparer leur aptitude à promouvoir la QoS des flux multimédia
- Simulation des protocoles EDCA et HCCA, pour comparer leur façon de gérer la QoS des flux multimédia, et découvrir d'éventuelles failles ou avantages
- Simulation du réseau 802.11 en état de handover pour les deux modes de fonctionnement infrastructure et ad hoc
- La proposition d'un algorithme de contrôle d'admission CAC, basé sur l'algorithme CAC de référence proposé par le standard 802.11 e, tant que la charge du réseau reste inférieure à 70% de la charge globale du réseau. Dès lors que la charge dépasse cette valeur, alors lancement d'un mécanisme d'acceptation ou de refus de nouveaux flux, basé sur les

ressources restantes et un ajustement du paramètre CWmin des flux données pour protéger les flux multimédia admis.

- Simulation de notre algorithme CAC, auquel on a intégré un mécanisme de réservations des ressources pour les communications en handover ou roaming pour améliorer l'inefficacité du protocole 802.11 face à de telles situations.

II. Perspectives

Les travaux réalisés durant cette thèse et les résultats obtenus ouvrent la porte vers un ensemble de perspectives. Parmi celles-ci, nous pouvons citer :

1- La résolution du problème d'optimisation des paramètres EDCA, HCCA et l'étude de sa complexité. Poussés par le fait que la configuration des paramètres EDCA et HCCA influence la capacité du réseau, nous proposons également une recherche de solution pour l'extension des capacités de notre algorithme de contrôle d'admission. Ceci se fait par l'ajout d'un module d'optimisation multi-objectif des paramètres EDCA et HCCA. Ce module aura pour objectif de chercher les configurations optimales des paramètres d'accès des différentes catégories d'accès pour conduire à une utilisation optimale de ressources et une maitrise totale des réseaux 802.11e.

Comme nous l'avons déjà souligné, le problème d'optimisation des paramètres de différentiation associé à un mécanisme de contrôle d'admission efficace reste un problème non résolu à ce jour et constitue l'un des défis de la recherche (cette optimisation a pour objectifs de : 1) garantir les métriques de performance des flux actifs et du nouveau flux en attente d'admission et 2) d'optimiser l'utilisation des ressources du canal). Nous sommes convaincus qu'une solution à ce problème apporte le triple avantage d'une maitrise de la QoS, d'une performance optimale pour les flux et d'une utilisation optimale des ressources. Le problème possède une complexité importante liée au grand nombre de paramètres à optimiser et à l'espace important d'exploration. Dès lors, l'étude de la complexité de ce problème et des possibilités de simplifications constitue à elle-même une activité de recherche à part entière sur laquelle nous comptons nous pencher dans un futur proche.

2- Le Mécanisme de communication avec la couche application pour l'adaptation des flux multimédia aux ressources du canal (optimisation inter-couches).

Les flux multimédia et plus particulièrement les flux de la télévision haute définition ont été conçus de manière à s'adapter à leur support par la suppression de couches d'informations additionnelles selon le besoin. On parle alors de contenus « scalables ». Ainsi, nous pensons que des techniques d'échanges voire d'optimisations inter-couches pourraient permettent à la couche MAC de demander aux applications ayant des flux adaptables de s'adapter aux capacités du canal. Celles-ci, en adaptant leur demande, pourraient être admises. Ceci constituerait alors une deuxième amélioration de performances du contrôle d'admission que nous avons proposé dans cette thèse.

3- Extension de l'algorithme proposé par l'intégration des caractéristiques physiques du canal.

Dans cette thèse, nous avons focalisé notre étude sur la couche MAC et plus particulièrement sur les mécanismes d'accès. Nous avons simulé le réseau en regardant les caractéristiques du mécanisme d'accès sans prendre en compte les changements des caractéristiques de la transmission au niveau physique. Pour ce faire, nous avons considéré dans notre simulation que le canal est idéal (pas d'erreurs dues aux interférences et aux défauts du canal physique). En contrôle d'admission distribué pour la maitrise de la QoS dans un réseau 802.11 en mode ad-hoc.Si le problème de garantie de la QoS dans un réseau WLAN infrastructure constitue un défi de la recherche, ce problème est de plus en plus difficile dans un WLAN en mode ad-hoc et avec mobilité. En effet, l'absence de gestion centralisée et le besoin d'auto-configuration et d'autogestion rend le processus de contrôle d'admission plus compliqué. Nous pensons ici à la possibilité d'utilisation du contrôle d'admission distribué dans lequel à chaque recherche d'une route, le nœud effectue l'estimation de ressources en fonction de ses flux actifs et des flux actifs de ses voisins et prend la décision d'admettre, de rejeter, ou éventuellement de mettre fin au flux ayant généré cette requête de routage. Ainsi, une interaction entre les couches MAC et IP est indispensable. En effet, le contrôle d'admission dans ce cas est couplé à un protocole de routage réactif. L'étude de la faisabilité de cette proposition, de sa complexité et de son efficacité constitue une autre voie de recherche.

ANNEXE A

Tableau 1 : Description de types et sous types des trames 802.11

Valeur du type (b3 b2)	Description du type	Valeur du sous-type (b7 b6 b5 b4)	Description du sous-type
00	Gestion	0000	Requête d'association
00	Gestion	0001	Réponse d'association
00	Gestion	0010	Requête de ré-association
00	Gestion	0011	Réponse de ré-association
00	Gestion	0100	Demande d'enquête
00	Gestion	0101	Réponse d'enquête
00	Gestion	0110-0111	Réservés
00	Gestion	1000	Balise
00	Gestion	1001	ATIM
00	Gestion	1010	Désassociation
00	Gestion	1011	Authentification
00	Gestion	1100	Désauthentification
00	Gestion	1101-1111	Réservés
01	Contrôle	0000-1001	Réservés
01	Contrôle	1010	PS-Poll
01	Contrôle	1011	RTS
01	Contrôle	1100	CTS
01	Contrôle	1101	ACK
01	Contrôle	1110	CF End
01	Contrôle	1111	CF End et CF-ACK
10	Données	0000	Données
10	Données	0001	Données et CF-ACK
10	Données	0010	Données et CF-Poll
10	Données	0011	Données, CF-ACK et CF-Poll
10	Données	0100	Fonction nulle (sans données)
10	Données	0101	CF-Ack (sans données)
10	Données	0110	CF-Poll (sans données)
10	Données	0111	CF-ACK et CF-Poll (sans données)
10	Données	1000-1111	Réservés
11	Réservé	0000-1111	Réservés

LISTE DES ABBREVIATIONS

A

AAC Acvailable Admission Capacity
AC Access Category
ACI Access Category Indicator
ACM Admission Control Mandatory
ACK Acknowledgment
ADDTS ADD Trafic Stream
AIFS Arbitration Inter Frame Space
AIFSN Arbitration Inter Frame Space Number
AP Access Point

B

BSS Basic Service Set
BT Backoff Time

C

CA Collision Avoidance
CAC Call Admission Control
CAP Controlled Access Period
CF Contention Free
CF-Poll Contention Free – Poll
CF-End Contention Free – End
CFB Contention Free Burst
CFP Contention Free Period
CP Contention Period
CRC Cyclic Redondancy Check
CSMA/CA Carrier Sense Multiple Access with Collision Avoidance
CSMA/CD Carrier Sense Multiple Access with Collision Detection
CTS Clear to Send
CUE Channel Utilization Estimate
CW Contention Window
CWmax Contention Window Maximum
CWmin Contention Window Minimum

D

DCF Distributed Coordination Function
DELETS Delete Trafic Stream
DIDD Double Increase Doule Decrease
DIFS Distributed Inter Frame Space

D-TDD Dynamic Time Division Duplexing

E

EBA Early Backoff Announcement
EDCA Enhanced Distributed Channel Access
EDCF Enhanced Distributed Coordination Function
EIFS Extended Inter Frame Space
EWA Exponential Weight Average
EWMA Exponential Weight Moving Average

F

FCR Frame Collision Resolution
FCS Frame Check Sequence

H

HC Hybrid Coordinator
HCCA HCF Controlled Channel Access
HCF Hybrid Coordination Function

I

IEEE Institute of Electrical and Electronics Engineers
IFS Inter Frame Space
IP Internet Protocol
ISM Industrial, Scientific and Medical

L

LAN Local Area Network
LQI Link Quality Indicator
LLC Logical Link Control

M

MAC Medium Access Control
MSDU MAC Service Data Unit

N

NAV Network Allocation Vector
NRT Non Real Time
NGN Next Generation Network
NUC Network Utilization Characteristic
P

PC Point Coordinator
PCF Point Coordination Function
PDA Personal Data Assistant
PHY Physical Layer
PIFS Priority Inter Frame Space
PLCP Physical Layer Convergence Procedure

Q

QAP QoS Access Point
QoS Quality of Service
QSTA QoS Station

R

RL Retry Limit
RT Real Time
RTS Request to Send
RTSThreshold RTS Threshold

S

SIP Session Initiation Protocol
SIFS Short Inter Frame Space
STA Station

T

TBTT Target Beacon Transmission Time
TDMA Time Division Multiple Access
TS Traffic Stream
TSPEC Traffic Specification
TXOP Transmission Opportunity
TXOPLimit Transmission Opportunity Limit

U

UP User Priority

W

WiFi Wireless Fidelity
WLAN Wireless Local Area Network

Bibliographie

[1] (1999) IEEE 802.11, IEEE Standards for Information Technology – Specific Requirements -- Part 11: Wireless LAN Medium Access Control (MAC) and Physical Layer (PHY) Specifications. Edition (ISO/IEC 8802-11: 1999).

[2] (1999) IEEE 802.11b Supplement to 802.11-1999, Wireless LAN MAC and PHY specifications: Higher speed Physical Layer (PHY) extension in the 2.4 GHz band.

[3] (1999) IEEE 802.11a, (8802-11:1999/Amd 1:2000(E)), IEEE Standard for Information technology—Specific requirements—Part 11: Wireless LAN Medium Access Control (MAC) and Physical Layer (PHY) specifications— Amendment 1: High-speed Physical Layer in the 5 GHz band.

[4] (2003) IEEE 802.11g, IEEE Standard for Information technology—Specific requirements—Part 11: Wireless LAN Medium Access Control (MAC) and Physical Layer (PHY) specifications—Amendment 4: Further Higher-Speed Physical Layer Extension in the 2.4 GHz Band.

[5] (2007, Sep.) IEEE P802.11n_D3.00, Approved Draft Standard for Information Technology-Telecommunications and information exchange between systems—Local and metropolitan area networks--Specific requirements-- Part 11: Wireless LAN Medium Access Control (MAC) and Physic.

[6] D. H. Cansever, A. M. Michelson, and A. H. Levesque, "Quality of service support in mobile ad-hoc IP networks," in MILCOM, 1999, pp. 30-34.

[7] S. Choi and K. G. Shin, "A unified wireless LAN architecture for real-time and non-realtime communication services," IEEE/ACM Transactions on Networking, vol. 8, no. 1, pp.44-5, Feb. 2000.

[8] I. Aad and C. Castelluccia, "Differentiation mechanisms for IEEE 802.11," in Infocom, nchorage (Alaska), 2001, pp. 209-218.

[9] Y. Kwon, Y. Fang, and H. Latchman, "A novel mac protocol with fast collision resolution or wireless lans," in Infocom, San Francisco, 2003, pp. 793--807.

[10] W. Pattara-Atikom, P. Krishnamurthy, and S. Banerjee, "Comparison of distributed fair QoS mechanisms in wireless LANs," in Globecom, San Francisco, USA, 2003, pp. 553- 57.

[11] J. Zhao, Z. Guo, Q. Zhang, and W. Zhu, "Distributed MAC adaptation for WLAN QoS differentiation," in Globecom, San Francisco, USA, 2003, pp. 3442-3446.

[12] I. Aad, Q. Ni, C. Barakat, and T. Turletti, "Enhancing IEEE 802.11 MAC in congested environments," in ASWN, Boston, Massachusetts, USA, 2004, pp. 82-91.

[13] C. Wang, B. Li, and L. Li, "A new collision resolution mechanism to enhance the performance of IEEE 802.11 DCF," IEEE Transactions on Vehicular Technology, vol. 53, n. 4, pp. 1235-1246, Jul. 2004.

[14] P. Chatzimisios, et al., "A simple and effective backoff scheme for the IEEE 802.11 MAC protocol," in CITSA, Orlando, Florida, 2005.

[15] S. Pollin, A. Motamedi, A. Bahai, F. Catthoor, and L. Van der Perre, "Delay improvement of IEEE 802.11 distributed coordination function using size-based scheduling," in ICC, Seoul, Korea, 2005, pp. 3484-3488.

[16] J. Choi, J. Yoo, S. Choi, and C. Kim, "EBA: an enhancement of the IEEE 802.11 DCF via distributed reservation," IEEE Transactions on Mobile Computing, vol. 4, no. 4, pp. 378- 390, Jul. 2005.

[17] I. Aad and C. Castelluccia, "Remarks on per-flow differentiation in IEEE 802.11," in EuropeanWireless, Florence, 2002.

[18] IEEE 802.11 WG, Draft Supplement to STANDARD FOR Telecommunications and Information Exchange Between Systems-LAN/MAN Specifications Requirements - Part 11: Wireless Medium Access Control (MAC) and Physical Layer (PHY) specifications: Medium Access Control (MAC) Enhancements for Quality of Service (QoS), IEEE 802.11e/Draft 5.0, July 2003.

[19] (2005, Jan.) Wireless medium access control (MAC) and physical layer (PHY) specifications: Medium Access Control (MAC) Quality of Service (QoS) Enhancements, IEEE P802.11e/D13.0.

[20] D. He and C. Q. Shen, "Simulation study of IEEE 802.11e EDCF," in VTC-spring, Jeju Island, Korea, 2003, pp. 685-689.

[21] I. Tinnirello, G. Bianchi, and L. Scalia, "Performance evaluation of differentiated access mechanisms effectiveness in 802.11 networks," in Globecom, Dallas, Texas, 2004, pp. 3007-3011.

[22] R. Rollet and C. Mangin, "IEEE 802.11a, 802.11e and HiperLAN/2 goodput performance comparison in real radio conditions," in Globecom, San Fransisco, 2003, pp. 724-728.

[23] D. Gu and J. Zhang, "Evaluation of EDCF Mechanism for QoS in IEEE 802.11 Wireless Networks," in World Wireless Congress (WWC), 2003.

[24] S. Mangold, S. Choi, G. R. Hiertz, O. Klein, and B. Walke, "Analysis of IEEE 802.11e for QoS support in wireless LANs," IEEE Wireless Communications, vol. 10, no. 6, pp. 40-50, Dec. 2003.

[25] L. Romdhani, N. Qiangn, and T. Turletti, "Adaptive EDCF: enhanced service differentiation for IEEE 802.11 wireless ad-hoc networks," in WCNC, New Orleans, LA, USA, 2003, pp. 1373-1378.

[26] M. Malli, N. Qiang, T. Turletti, and C. Barakat, "Adaptive fair channel allocation for QoS enhancement in IEEE 802.11 wireless LANs," in ICC, Paris, France, 2004, pp. 3470-3475.

[27] J. Yu and S. Choi, "Performance Comparison of Dual Queue and EDCA for VoIP over IEEE 802.11 WLAN ," in EW, Cyprus, 2005.

[28] J. Yu, S. Choi, and J. Lee, "Enhancement of VoIP over IEEE 802.11 WLAN via Dual Queue Strategy," in ICC, paris, France, 2004.

[29] C. Casetti and C. .-F. Chiasserini, "Improving fairness and throughput for voice traffic in 802.11e EDCA," in PIMRC, Barcelona, Spain, 2004, pp. 525-530.

[30] P. Gopalakrishnan, D. Famolari, and T. Kodama, "Improving WLAN voice capacity through dynamic priority access," in Globecom, Dallas, Texas, USA, 2004, pp. 3245-3249.

[31] K. Diwakar and S. Iyer, "Supporting real-time applications with better QoS guarantees in 802.11," in ISWCS, Mauritius, 2004, pp. 373-377.

[32] C. Bettstetter, C. Prehofer, and A. Wolisz, "A Performance Comparison of QoS Approaches for Ad Hoc Networks: 802.11e versus Distributed Resource Allocation," in European Wireless, Nicosia, Cyprus, 2005.

[33] K. Igarashi, A. Yamada, and T. Ohya, "Capacity Improvement of Wireless LAN VoIP using Distributed Transmission Scheduling," in PIMRC, Athens, Greece, 2007, pp. 1-5.
[34] S. Choi, et al., "Multiple Frame Exchanges during EDCF TXOP," IEEE 802.11- 1/566r3, Jan. 2002.
[35] J. del Prado and S. Choi, "EDCF TXOP Bursting Simulation Results," IEEE 802.11e Working Document 802.11-02/048R0, Jan. 2002.
[36] C. Sunghyun, J. del Prado, S. Shankar, and S. Mangold, "IEEE 802.11 e contention-based channel access (EDCF) performance evaluation," in ICC, Alasca, 2003, pp. 1151-1156.
[37] S. Mangold, S. Choi, P. May, Hiertz, and Guido, "IEEE 802.11e - Fair Resource Sharing between Overlapping Basic Service Sets," in PIMRC, Lisboa, 2002, pp. 166-171.
[38] A. Salhotra, R. Narasimhan, and R. Kopikare, "Evaluation of contention free bursting in IEEE 802.11e wireless LANs," in WCNC, New Orleans, 2005, pp. 107-112.
[39] Y. Yan and C. Pan, "An Improved Analytical Model for IEEE802.11e Enhanced Distributed Channel Access," in ISITC, Jeonju, 2007, pp. 135-142.
[40] J. W. T. Robinson, "An analytical model for the service delay distribution of IEEE 802.11e Enhanced Distributed Coordination Function," These de Master, Simon Fraser University, 2005.
[41] T.-C. Tsai and M.-J. Wu, "An analytical model for IEEE 802.11e EDCA," in ICC, Seoul, 2005, pp. 3474-3478.
[42] Y. Xiao, "Performance Analysis of IEEE 802.11e EDCF under Saturation Condition," in ICC, Paris, 2004, pp. 170-174.
[43] J. Hui and M. Devetsikiotis, "Performance analysis of IEEE 802.11e EDCA by a unified model," in Globecom, Dallas-Texas, 2004, pp. 754-759.
[44] Z. Tao and S. Panwar, "An analytical model for the IEEE 802.11e enhanced distributed coordination function," in ICC, Paris, 2004, pp. 4111-4117.
[45] Y. Chen, Q.-A. Zeng, and D. P. Agrawal, "Performance analysis of IEEE 802.11e enhanced distributed coordination function," in ICON, 2003, pp. 573-578.
[46] K. Xu, Q. Wang, and H. Hassanein, "Performance analysis of differentiated QoS supported by IEEE 802.11e enhanced distributed coordination function (EDCF) in WLAN," in Globecom, San Francisco, 2003, pp. 1048-1053.
[47] J. Hui and M. Devetsikiotis, "Designing improved MAC packet schedulers for 802.11e WLAN," in Globecom, San Fransisco, 2003, pp. 184-189.
[48] H. Zhu and I. Chlamtac, "An analytical model for IEEE 802.11e EDCF differential services," in ICCCN, Dallas, 2003, pp. 163-168.
[49] W. Zhang, J. Sun, J. Liu, and H.-B. Zhang, "Performance analysis of IEEE 802.11e EDCA in wireless LANs," Journal of Zhejiang University, vol. 8, no. 1, pp. 18-23, Jan. 2007.
[50] P. E. Engelstad and O. N. Osterbo, "Analysis of the Total Delay of IEEE 802.11e EDCA and 802.11 DCF," in ICC, Istanbul, 2006, pp. 552-559.
[51] D. Vassis and G. Kormentzas, "Delay Performance Analysis and Evaluation of IEEE 802.11e EDCA in Finite Load Conditions," Wireless Personal Communications, vol. 32, no. 1-2, pp. 29-43, Jul. 2005.
[52] Y. Chen, Q.-A. Zeng, and D. P. Agrawal, "Performance evaluation for IEEE 802.11e enhanced distributed coordination function," Wireless Communications & Mobile Computing vol. 4, no. 6, pp. 639-653, Sep. 2004.

[53] L. Xiong and G. Mao, "Saturated Throughput Analysis of IEEE 802.11e EDCA," Computer Networks, vol. 51, no. 11, pp. 3047-3068, Aug. 2007.
[54] Z.-n. Kong, D. H. K. Tsang, B. Bensaou, and D. Gao, "Performance analysis of IEEE 802.11e contention-based channel access," IEEE Journal on Selected Areas in Communications, vol. 22, no. 10, pp. 2095-2106, Dec. 2004.
[55] X. Ling, K.-H. Liu, Y. Cheng, X. Shen, and J. W. Mark, "A Novel Performance Model for Distributed Prioritized MAC Protocols," in Globecom, Washington, DC, 2007, pp. 4692-
4696.
[56] Z. Tao and S. Panwar, "Throughput and delay analysis for the IEEE 802.11e enhanced distributed channel access," IEEE Transactions on Communications, vol. 54, no. 4, pp. 596-603, Apr. 2006.
[57] H. Wu, X. Wang, Q. Zhang, and X. Shen, "IEEE 802.11e Enhanced Distributed Chanel Access (EDCA) Throughput Analysis," in ICC, Istanbul, 2006, pp. 223-228.
[58] J. W. Robinson and T. S. Randhawa, "Saturation throughput analysis of IEEE 802.11e enhanced distributed coordination function," IEEE Journal on Selected Areas in Communications, vol. 22, no. 5, pp. 917-928, Jun. 2004.
[59] Y. Lin and V. W. S. Wong, "Saturation throughput of IEEE 802.11e EDCA based on mean value analysis," in 475-480, Budapest, 2006, pp. 475-480.
[60] J. Hui and M. Devetsikiotis, "A Unified Model for the Performance Analysis of IEEE 802.11e EDCA," IEEE Transactions on Communications, vol. 53, no. 9, pp. 1498-1510,Sep. 2005.
[61] P. E. Engelstad and O. N. Osterbo, "Non-Saturation and Saturation Analysis of IEEE 802.11e EDCA with Starvation Prediction," in International symposium on Modeling, analysis and simulation of wireless and mobile systems, Montreal, Quebec, 2005, pp. 224-233.
[62] P. E. Engelstad and O. N. Osterbo, "Queueing Delay Analysis of IEEE 802.11e EDCA," in WONS, Les Menuires, 2006, pp. 123-133.
[63] P. E. Engelstad and O. N. Osterbo, "Delay and Throughput Analysis of IEEE 802.11e EDCA with Starvation Prediction," in LCN, Zurich, 2005, pp. 647-655.
[64] J. W. Tantra, C. H. Foh, and A. B. Mnaouer, "Throughput and delay analysis of the IEEE 802.11e EDCA saturation," in ICC, Seoul, 2005, pp. 3450-3454.
[65] The Network Simulation – ns-2. [Online]. http://www.isi.edu/nsnam/ns/
[66] IEEE 802.11e implementation for ns-2. [Online]. http://www.tkn.tuberlin.de/research/802.11e_ns2/
[67] A. Abdrabou and W. Zhuang, "Service Time Approximation in IEEE 802.11 Single-Hop Ad Hoc Networks," IEEE Transactions on Wireless Communications, vol. 7, no. 1, pp. 305-313, Jan. 2008.
[68] A. Abdrabou and W. Zhuang, "Service Time Approximation in IEEE 802.11 Single-Hop Ad-hoc Networks," in Infocom, Anchorage, Alaska , 2007, pp. 2346-2350.
[69] G. Bianchi, "Performance analysis of the IEEE 802.11 distributed coordination function," IEEE Journal on Selected Areas in Communications, vol. 18, no. 3, pp. 535- 547, Mar. 2000.
[70] K. Puthal and B. Sahoo, "Performance Evaluation of MAC DCF Scheme in WLAN ," in ICWT, 2007.
[71] M. Jager, "IEEE 802.11e in Industrial Environments: a Quality of Service Survey," Mastere, 2005.

[72] F. Eshghi and A. K. Elhakeem, "Performance analysis of ad hoc wireless LANs for realtime traffic," IEEE Journal on Selected Areas in Communications, vol. 21, no. 2, pp. 204-
215, Feb. 2003.
[73] L. Chandran-Wadia, S. Mahajan, and S. Iyer, "Throughput performance of the distributed and point coordination functions of an IEEE 802.11 wireless LAN," in ICCC, Mumbai, Maharashtra, 2002, pp. 36-49.
[74] M. Zukerman and C. H. Foh, "Performance Analysis of the IEEE 802.11 MAC Protocol," in European Wireless, Florance, Italy, 2002, p. 184–190.
[75] S. Mangold, S. Choi, O. Klein, G. R. Hiertz, and L. Stibor, "IEEE 802.11e Wireless LAN for Quality of Service," in European Wireless, Florence, Italy, 2002, pp. 32-39.
[76] S. Choi, "IEEE 802.11e MAC-level FEC performance evaluation and enhancement," in Globecom, Taipei, Taiwan, 2002, pp. 773-777.
[77] M. Veeraraghavan, N. Cocker, and T. Moors, "Support of voice services in IEEE 802.11 wireless LANs," in Infocom, Anchorage, Alaska, 2001, pp. 488-497.
[78] J. S. Vardakas, I. Papapanagiotou, M. D. Logothetis, and S. A. Kotsopoulos, "On the End-to-End Delay Analysis of the IEEE 802.11 Distributed Coordination Function," in ICIMP, Silicon-Valley, 2007, p. 16.
[79] Q. Ni, I. Aad, C. Barakat, and T. Turletti, "Modeling and analysis of slow CW decrease IEEE 802.11 WLAN," in PIMRC, Beijing, China, 2003, pp. 1717-1721.
[80] M. M. Carvalho and J. J. Garcia-Luna-Aceves, "Delay analysis of IEEE 802.11 in singlehop networks," in ICNP, Atlanta, Georgia, USA, 2003, pp. 146-155.
[81] P. Chatzimisios, A. C. Boucouvalas, and V. Vitsas, "IEEE 802.11 packet delay-a finite retry limit analysis," in Globecom, San Fransisco, 2003, pp. 950-954.
[82] H. Wu, Y. Peng, K. Long, S. Cheng, and J. Ma, "Performance of Reliable Transport Protocol over IEEE 802.11 Wireless LAN: Analysis and Enhancement," in INFOCOM, New York, 2002, pp. 599-607.
[83] F. Cali, M. Conti, and E. Gregori, "IEEE 802.11 wireless LAN: capacity analysis and protocol enhancement," in Infocom, San Francisco, USA, 1998, pp. 142-149.
[84] Y. C. Tay and K. C. Chua, "A capacity analysis for the IEEE 802.11 MAC protocol," Wireless Networks, vol. 7, no. 2, pp. 159-171, Mar. 2001.
[85] E. Ziouva and T. Antonakopoulos, "CSMA/CA performance under high traffic conditions: throughput and delay analysis," Computer Communications, vol. 25, no. 3,pp. 313-321, Feb. 2002.
[86] X. Ling, "Performance Analysis of Distributed MAC Protocols for Wireless Networks," PhD thesis, University of Waterloo, Ontario, Canada, 2007.
[87] Y. Chen, Q.-A. Zeng, and D. P. Agrawal, "Performance of MAC Protocol in Ad Hoc Networks," in CNDS, WMC, Orlando, Florida, 2003, pp. 55-61.
[88] Y. Xiao, "Performance analysis of priority schemes for IEEE 802.11 and IEEE 802.11e wireless LANs," IEEE Transactions on Wireless Communications, vol. 4, no. 4, pp. 1506- 1515, Jul. 2005.
[89] MATLAB - The Language of Technical Computing. [Online]. http://www.mathworks.com/products/matlab/
[90] D. Malone, K. Duffy, and D. J. Leith, "Modeling the 802.11 Distributed Coordination Function in Non-saturated Heterogeneous Conditions," IEEE/ACM Transactions on Networking, vol. 15, no. 1, pp. 159-172, Feb. 2007.

[91] F.-Y. Hung and I. Marsic, "Analysis of Non-Saturation and Saturation Performance of IEEE 802.11 DCF in the Presence of Hidden Stations," in VTC, Baltimore, 2007, pp. 230- 234.

[92] G. R. Cantieni, Q. Ni, C. Barakat, and T. Turletti, "Performance analysis under finite load and improvements for multirate 802.11," Computer Communications, vol. 28, no. 10,

pp. 1095-1109, Jun. 2005.

[93] M. Ergen and P. Varaiya, "Throughput Analysis and Admission Control for IEEE 802.11a," Mobile Networks and Applications, vol. 10, no. 5, pp. 705-716, Oct. 2005.

[94] Y. Barowski, S. Biaz, and P. Agrawal, "Towards the performance analysis of IEEE 02.11 in multi-hop ad hoc networks," in WCNC, New Orleans, USA, 2005, pp. 100-106.

[95] O. Tickoo and B. Sikdar, "Queueing analysis and delay mitigation in IEEE 802.11 random access MAC based wireless networks," in Infocom, Hong Kong, 2004, pp. 1404- 1413.

[96] I. Inan, F. Keceli, and E. Ayanoglu, "Modeling the 802.11e Enhanced Distributed Channel Access Function," in Globecom, Washington, DC, 2007, pp. 2546-2551.

[97] Y. Yang and R. Kravets, "Throughput guarantees for multi-priority traffic in ad hoc networks," in IEEE International Conference on Mobile Ad-hoc and Sensor Systems,

2004, pp. 379-388.

[98] Y. Yang and R. Kravets, "Contention-aware admission control for ad hoc networks," IEEE Transactions on wireless computing, vol. 4, no. 4, pp. 363-377, Jul. 2005.

[99] K.-C. Wang and P. Ramanathan, "End-to-end Throughput and Delay Assurances in Multihop Wireless Hotspots," in WMASH, San Diego, CA, USA, 2003.

[100] Y. Lin, V. W. S. Wong, and M. Cheung, "An admission control algorithm for multi-hop

802.11e based WLANs," in Proceedings of the 3rd international conference on Quality of service in heterogeneous wired/wireless networks , Waterloo, Ontario, Canada , 2006.

[101] G. Boggia, P. Camarda, L. A. Grieco, and S. Mascolo, "Feedback-Based Control for Providing Real-Time Services With the 802.11e MAC," IEEE/ACM Transactions on Networking, vol. 15, no. 2, pp. 323-333, Apr. 2007.

[102] D. Gao, J. Cai, and K. N. Ngan, "Admission control in IEEE 802.11e wireless LANs," IEEE Networks, vol. 19, no. 4, pp. 6-13, Jul. 2005.

[103] S. Garg and M. Kappes, "Admission control for VoIP traffic in IEEE 802.11 networks," in Globecom, San Francisco, USA, 2003, pp. 3514-3518.

[104] D. Gu and J. Zhang, "A new measurement-based admission control method for IEEE802.11 wireless local area networks," in PIMRC, Beijing, China, 2003, pp. 2009-

2013.

[105] L. Zhang and S. Zeadally, "HARMONICA: enhanced QoS support with admission control for IEEE 802.11 contention-based access," in RTAS, Toronto, Canada, 2004, pp. 64-71.

[106] Y. Xiao and H. Li, "Local data control and admission control for QoS support in wireless ad hoc networks," IEEE Transactions on Vehicular Technology, vol. 53, no. 5, pp. 1558- 1572, Sep. 2004.

[107] Y. Xiao, H. Li, and S. Choi, "Protection and guarantee for voice and video traffic in IEEE 802.11e wireless LANs," in INFOCOM, Hong Kong, 2004, pp. 2152-2162.

[108] A. Ksentini, A. Gueroui, and M. Naimi, "Adaptive transmission opportunity with admission control for IEEE 802.11e networks," in MSWIM, Montreal, Canada, 2005, pp. 234-241.

[109] P-Y. Wu, Y-C. Tseng, and H. Lee, "Design of QoS and Admission Control for VoIP Services over IEEE 802.11e WLANs," in National Computer Symposium, Taiwan, 2005.

[110] H. Yoon, J. Kim, and D. Shin, "Dynamic admission control in IEEE 802.11e EDCA-based wireless home network," in CCNC, Las vegas, Nevada, USA, 2006, pp. 55-59.

[111] R. G. Garroppo, L. Tavanti, S. Lucetti, and S. Giordano, "Extension and Application of the Network Utilization Characteristic Metric to IEEE 802.11e," in ICC, Glascow, Scotland, 2007, pp. 1766-1771.

[112] Y.-L. Kuo, C.-H. Lu, E. H. K. Wu, and G.-H. Chen, "An admission control strategy for differentiated services in IEEE 802.11," in Globecom, San Francisco, USA, 2003, pp. 707-712.

[113] X. Chen, H. Zhai, X. Tian, and Y. Fang, "Supporting QoS in IEEE 802.11e wireless LANs," IEEE Transactions on Wireless Communications, vol. 5, no. 8, pp. 2217-2227, Aug. 2006.

[114] J. Zhu and A. O. Fapojuwo, "A new call admission control method for providing desired throughput and delay performance in IEEE802.11e wireless LANs," IEEE Transactions on Wireless Communications, vol. 6, no. 2, pp. 701-709, Feb. 2007.

[115] A. Bai, T. Skeie, and P. E. Engelstad, "A Model-Based Admission Control for 802.11e EDCA using Delay Predictions," in IPCCC, New Orleans, Louisiana, USA, 2007, pp. 226-235.

[116] C. Cano and B. Bellata, "Flow-Level Simulation of Call Admission Control schemes in EDCA-based WLANs," in The 8th COST 290 Management Commitee Meting, Spain, 2007.

[117] B. Bellata, "Flow-level QoS guarantees in IEEE 802.11e-EDCA based WLANs," Phd thesis, Pompeu Fabra univesity, Spain, 2006.

[118] B. Bellata, M. meo, and M. oliver, "Call Admission Control in IEEE 802.11e EDCA-based WLANs (Initial Steps)," in COST 290 management Committee Meeting, Netherlands, 2006.

[119] B. Bellalta, C. Cano, M. Oliver, and M. Meo, "Modeling the IEEE 802.11e EDCA for MAC Parameter Optimization," in Hets-Nets, Bradford, UK, 2006.

[120] S. Oh, J. Shin, D. Kwak, and C. Kim, "A Novel Call Admission Control Scheme for the IEEE 802.11e EDCA," in ICACT, Hyderabad, India, 2008, pp. 1832-1835.

[121] D. Pong and T. Moors, "Call admission control for IEEE 802.11 contention access mechanism," in Globecom, San Francisco, USA, 2003, pp. 174-178.

[122] B. Bensaou, Z.-N. Kong, and D. H. K. Tsang, "A Measurement-Assisted, Model-Based Admission Control Algorithm for IEEE 802.11e," in I-SPAN, Sydney, 2008, pp. 260-265.

[123] M. El Masri, G. Juanole, and S. Abdellatif, "Hybrid Admission Control Algorithm for IEEE 802.11e EDCA: Analysis," in ICN, Cancun, Mexico, 2008, pp. 93-98.

[124] R. G. Garroppo, S. Giordano, and S. Lucetti, "Admission region for multimedia services in IEEE 802.11e systems," in International Telecommunications Network Strategy and Planning Symposium, 2004, pp. 411-416.

[125] R. G. Garroppo, S. Giordano, S. Lucetti, and L. Tavanti, Admission Region of Multimedia Services for EDCA in IEEE 802.11e Access Networks, Wireless Systems and Mobility in Next Generation Internet ed. Springer Berlin / Heidelberg, 2005.

[126] Y.-L. Kuo, E. H.-K. Wu, and G.-H. Chen, "Noncooperative admission control for differentiated services in IEEE 802.11 WLANs," in Globecom, Dallas, texas, USA, 2004, pp. 2981-2986.

[127] (2006, Jun.) ITU-T recommendations for H.323. [Online]. http://www.itu.int/rec/T-RECH.323-200606-I/en

[128] (2007, Nov.) ITU-T recommendations for G.113. [Online]. http://www.itu.int/rec/TREC- G.113/en

[129] P. Clifford, K. Duffy, J. Foy, L. Douglas J., and D. Malone, "Modeling 802.11e for data traffic parameter design," in WiOpt, Boston, Massachusetts, 2006, pp. 1-10.

[130] K.-J. Noh, W.-Y. Choi, and S.-K. Lee, "Adaptive and dynamic tuning of the operation parameter value for QoS and fairness in wireless LAN," in VTC - Fall, Los Angeles, 2004, pp. 4805-4809.

[131] M. Narbutt and M. Davis, "Experimental tuning of AIFSN and CWmin parameters to prioritize voice over data transmission in 802.11e WLAN networks," in IWCMC, Honolulu, Hawai, 2007, pp. 140-145.

[132] M. Narbutt and M. Davis, "The capability of the EDCA mechanism to support voice traffic in a mixed voice/data transmission over 802.11e WLANs - an experimental investigation," in LCN, Zurich, Switzerland, 2007, pp. 463-470.

[133] L. Romdhani and C. Bonnet, "Performance Analysis and Optimization of the 802.11e EDCA Transmission Opportunity (TXOP) Mechanism," in WiMob, New York, USA, 2007, pp. 68-68.

[134] F. Cali, M. Conti, and E. Gregori, "Dynamic tuning of the IEEE 802.11 protocol to achieve a theoreticalthroughput limit," IEEE/ACM Transactions on Networking, vol. 8, no. 6, pp. 785-799, Dec. 2000.

[135] H. Yoon, "Test of MADWIFI-ng WMM/WME in WLANs," Technical report 1, 2006.

[136] A. Banchs and L. Vollero, "Throughput analysis and optimal configuration of 802.11e EDCA," Computer Networks, vol. 50, no. 11, pp. 1749-1768, Aug. 2006.

[137] M. Sung and N. Yun, "A MAC parameter optimization scheme for IEEE 802.11e-based multimedia home networks," in CCNC, Las vegas, Nevada, USA, 2006, pp. 390-394.

[138] I. Koukoutsidis and V. A. Siris, "802.11e EDCA Protocol Parameterization: A Modeling and Optimization Study," in WoWMoM, Hemsinki, Finland, 2007, pp. 1-9.

[139] Q. Ni, L. Romdhani, and T. Turletti, A survey of QoS enhancements for IEEE 802.11 wireless LAN, Journal of Wireless and Mobile Computing, John Wiley, Vol. 4, pp. 1-20, 2004.

[140] S. Mangold, S. Choi, P. May, O. Klein, G. Hiertz, and L. Stibor, IEEE 802.11e wireless LAN for quality of service, Proc. of European Wireless, Florence, Italy, February 2002.

[141] P. Ansel, Q. Ni, and T. Turletti, An efficient scheduling scheme for IEEE 802.11e. Proc. Of WiOpt (Modeling and Optimization in Mobile, Ad Hoc and Wireless Networks), Cambridge, UK, March 24-26, 2004.

[142] P. Ansel, Q. Ni, and T. Turletti, FHCF: A fair scheduling scheme for 802.11e WLAN. INRIA Research Report No 4883, July 2003. Implementation and simulations available from "http://www-sop.inria.fr/planete/qni/fhcf/".

[143] S. McCanne, V. Jacobson, Vic: a .exible framework for packet video. ACM Multimedia, 1995.

[144] D. Perkins, and H. D. Hughes, A survey on quality-of-service support for mobile ad hoc networks, Journal of Wireless Communications and Mobile Computing 2002, pp. 503-513.

[145] A. Grilo, M. Macedo, M. Nunes, A scheduling algorithm for Qos support in IEEE 802.11E Networks. IEEE Wireless Communications Magazine, Vol.10, No.3, June 2003, pp. 36-43.

[146] J. L. Sobrinho, and A. S. Krishnakumar, Real-time tra.c over the IEEE 802.11 medium access control layer, BellLabs TechnicalJournal1996, pp. 172-187.

[147] N. H. Vaidya, P. Bahl, and S. Gupa, Distributed fair scheduling in a wireless LAN, Proc. Of the Sixth AnnualIn ternationalConference on Mobile Computing and Networking, Boston, USA, August 2000, pp. 167-178.

[148] A. Veres, A. T. Campbell, M. Barry, and L. H. Sun, Supporting service di.erentiation in wireless packet networks using distributed control, IEEE JSAC, SpecialIssue on Mobility and Resource Management in Next-Generation Wireless Systems 2001, pp. 2094-2104.

[149] M. A. Visser, and M. E. Zarki, Voice and data transmission over an 802.11 wireless network, Proc. of PIMRC, Toronto, Canada, September 1995.

[150] J. Y. Yeh and C. Chen, Support of multimedia services with the IEEE 802.11 MAC protocol, Proc. of IEEE ICC, May 2002, pp. 600-604.

[151] Wang Xue-Ping, Zheng Jian-Li, Zeng Wei and ZHANG Gen-Du, “A Probability based Adaptive Algorithm for Call Admission Control in Wireless Network» Proceedings of the 2003 International Conference on Computer Networks and Mobile Computing (ICCNMC’03)

[152] Ming Li, B. Prabhakaran, Sathish Sathyamurthy,” On Flow Reservation and Admission Control for Distributed Scheduling Strategies in IEEE802.11 Wireless LAN”, MSWiM’03, September 19, 2003, San Diego, California, USA.

[153] Daqing Gu, Jinyun Zhang, “A New Measurement-Based Admission Control Method for IEEE802.11 Wireless Local Area Networks”, IEEE, 2003

[154] Y.-C. Wang, Y.-C. Tseng, and W.-T. Chen, “MR-FQ: A fair scheduling algorithm for wireless networks with variable transmission rates,” Simulation: Transactions of The Society for Modelling and Simulation International, vol. 81, no. 8, 2005.

[155] Deyun Gao, Jianfei Cai, King Ngi Ngan, “Admission Control in IEEE 802.11e Wireless LANs”, IEEE Network, Aug. 2005

[156] Dennis Pong, Tim Moors, “Call Admission Control for IEEE 802.11 Contention Access Mechanism”, Globe COM, 2003

[157] Zhen-ning Kong, Danny H.K. Tsang, Brahim Bensaou “Measurement-assisted Model-based Call admission Control for 802.11e WLAN Contention-based Channel Access”, IEEE LANMAN, 2004

[158] Chun-Ting Chou, Sai Shankar, Kang G. Shin, ”Achiving Per-Stream QoS with Distributed Airtime Allocation and Admission Control in IEEE 802.11e Wireless LANs”, IEEE, 2005.

[159] Yang Xiao, Haizhon Li, “Voice and Video Transmissions with Global Data Parameter Control for the IEEE 802.11e Enhanced Distributed Channel Access”, IEEE Transactions on parallel and distributed systems vol. 15, Nov. 2004

[160] Yang Xiao, Haizhon Li, “Evaluation of Distributed Admission Control for the IEEE 802.11e EDCA”, IEEE Radio Communications, Sep. 2004

[161] Frank Haizhon Li,Yang Xiao, "Contention-based QoS MAC Mechanisms for VBR VoIP in IEEE 802.11e Wireless LANs , " IEEE CCNC 2006 proceedings.

[162] Kwn-Wu-Chim, 'A group-based Scheduler for multi rate WLAN" IEEE CCNC 2006 proceedings.

[163] D. A. Levine, I. F. Akyildiz and M. Naghshineh, "A Resource Estimation and Call Admission Algorithm for Wireless Multimedia Networks Using the Shadow Cluster Concept," IEEE/ACM Trans. on Networking, February 1997.

[164] Yu-Liang Kuo, Chi-Hung Lu, Eric Hsaio-Kung Wu, Gen-Huey Chen, "Ad Admission Control Strategy for Differentiated Services in IEEE 802.11", Globecom, 2003.

[165] Nada Chhendeb Taheb, 'Modélisation analytique et contrôle d'admission dans les réseaux 802.11 e pour une maitrise de la QoS', Thèse de doctorat de l'Université d'Evry Val d'Essone en informatique, mars 2009.

[166] Fernando Santos Gonzalez, ' Analysis of QoS using IEEE 802.11e for WLANs', Diploma thesis performed in Information Network Division in Linkoping march 2004.

[167] E.Knightly,N.Shroff, 'Admission control for statistical QOS: Theory and practice', IEEE Network, 1999.

[168] L. Wang, Y.-K. Kwok, W.-C. Lau, and V. K. Lau, "Efficient packet scheduling using channel adaptive fair queueing in distributed mobile computing systems," ACM/Baltzer Mobile Networks and Applications (MONET), pp. 297–309, 2004.

[169] L.Pan, H.Wu, 'An efficient, scacalable and relable MAC Protocol for WLAN, " IEEE CCNC 2006 proceedings.

[170] Measurement module for ns2. http://info.iet.unipi.it/~cng/ns2measure/, last update May 2006.

[171] Bouyeddou Benamar , 'Implémentation d'un Protocole d'Economie d'Energie EMM-DSR pour les Réseaux Ad hoc 802.11' Université de Tlemcen, Département des Télécommunications.Juin 2007.

[172] A.Bai,B.Selvig,T.Skei,P.Engelsta,'A class Based Dynamic Admitted Time Limit Admission Control Algotithm for 802.11^{e} EDCA' IEEE Network 2007.

[173] D.Gao,J.Cai,L.Zhang, ' Physical Rate Based Admission Control for HCCA in 802.11 e WLANs', IEEE Procceding of 19the International Conference on Advanced Information Networking and Application, AINA 2005.

[174] B.R.Hande,S.Robert, ' Study of QoS issues in wireless LAN', Tech projet Report 2004.

[175] Anelli A, Horlait C. 'Manuel NS version 2 : Principes de conception et d'utilisation'. UPMC LIP6.

[176] Bonin J M. 'Introduction à la simulation d'un réseau à travers NS'. Access date 2002.

[177] Hung P. NS2 Tutorial .14 Juin 1999.

[178] Carta A.' A Network Topology Presentation Tool. Project Report' , UC Berkeley 1993

[179] Lindgren A, Almquist A and Schelen O. 'Evaluation of quality of services schemes for IEEE 802.11 wireless LANs'. Proc. Of the 26th Annual IEEE Conference on local computer networks (LCN 2001), Tampa, Florida, USA,November 15- 16, 2001; 348-351.

[180] http://www.isi.edu/ns.

www.ingramcontent.com/pod-product-compliance
Lightning Source LLC
Chambersburg PA
CBHW021059210326
41598CB00016B/1267

* 9 7 8 3 8 3 8 1 7 6 7 3 4 *